FINANCIAL
STATISTICS

金融统计与分析

中国人民银行调查统计司 编

AND
ANALYSIS

中国金融出版社

责任编辑：贾　真　任　娟
责任校对：张志文
责任印制：程　颖

图书在版编目(CIP) 数据

金融统计与分析(Jinrong Tongji yu Fenxi) （2015.06)/中国人民银行调查
统计司编.—北京：中国金融出版社，2015.6
　　ISBN 978-7-5049-7992-6

　Ⅰ. ①金…　Ⅱ. ①中…　Ⅲ. ①金融—统计分析—研究报告—中国—2015

Ⅳ. ①F832

　　中国版本图书馆 CIP 数据核字（2015）第 141185 号

出版
中国金融出版社
发行

社址　　北京市丰台区益泽路 2 号
市场开发部　（010) 63266347，63805472，63439533（传真)
网 上 书 店　http：//www.chinafph.com
　　　　　　（010) 63286832，63365686（传真)
读者服务部　（010) 66070833，62568380
邮编　　100071
经销　　新华书店
印刷　　北京市松源印刷有限公司
装订　　平阳装订厂
尺寸　　185 毫米×260 毫米
印张　　8.5
字数　　156 千
版次　　2015 年 6 月第 1 版
印次　　2015 年 6 月第 1 次印刷
定价　　30.00 元
ISBN 978-7-5049-7992-6/F.7552
如出现印装错误本社负责调换　　联系电话（010) 63263947

目录

FINANCIAL STATISTICS AND ANALYSIS

CONTENTS

2015 年我国外贸形势展望

中国人民银行调查统计司经济分析处

近期我国对外贸易下行压力较大。2015 年 1~4 月，我国进出口总额同比下降 7.6%，其中出口同比增长 1.6%，进口同比下降 17.3%。从 2015 年我国外贸发展环境来看，世界经济将延续温和复苏态势，主要经济体经济形势和货币政策明显分化，国际大宗商品价格低位波动，地缘政治风险上升；国内经济仍处于"三期叠加"阶段，潜在增长率下行，人民币汇率双向波动，外贸扶持政策持续发挥积极作用。从长期看，世界经济增长步入"新稳态"，国际贸易投资环境发生重大变化，国内改革开放迈上新台阶，互联网将重塑未来贸易格局。初步预计，2015 年，我国出口将增长 5%左右，进口受大宗商品价格拖累将下降 8%左右。

一、 近期对外贸易下行压力较大

伴随世界经济与中国经济发展进入"新常态"，对外贸易运行亦呈现由高速增长向低速增长转换的新常态。在增速下降的同时，贸易结构持续改善。

（一）出口增长放缓，进口大幅下降

外需不足导致出口低速增长，内需疲软和价格下跌拖累进口。2015 年 1~4 月，以美元计价，进出口总额为 12225.1 亿美元，同比下降 7.6%，增速比上年同期低 7 个百分点；其中出口 6901.6 亿美元，同比增长 1.6%；进口 5323.5 亿美元，同比下降 17.3%；贸易顺差 1578.1 亿美元，是上年同期的 4.4 倍。

以本币计价，1~4 月进出口总额同比下降 7.3%；其中出口同比增长 1.8%，进口同比下降 17%。其中，4 月进出口总额同比下降 10.9%，出口同比下降 6.2%，进口同比下降 16.1%，当月贸易顺差 2102.1 亿元。

3~4 月出口同比持续下降，对主要贸易伙伴的出口增速均大幅回落，反映出海外需求整体低迷。进口增速连续 6 个月负增长，这既有我国内需疲软、国内投资低迷的原因，也反映了大宗商品价格大跌的影响。观察海关编制的对外贸易指数，从 HS2 分类总指数来看，进口价格指数 2015 年前两个月同比分别增

1

长-9.6%和-9.3%，进口数量指数同比分别增长-11.2%和-11.9%。也就是说，如果扣除价格因素，实际进口下降幅度小于官方公布的名义下滑幅度，但仍然值得警惕。

（二）一般贸易比重继续提升，主要大宗商品进口量增价跌

从贸易方式看，一般贸易主体地位进一步提高。1~4月，以本币计价，一般贸易进出口同比下降7.1%，占进出口总额的55.2%，同比提高0.1个百分点，其中出口同比增长7.5%。加工贸易进出口同比下降7.4%，其中出口和进口分别下降6.7%和8.6%。加工贸易比重下滑和增速低迷反映了近年来低附加值制造业的衰落。我国企业在劳动力、融资、环境等成本居高不下的背景下，传统的外贸竞争优势正在逐渐丧失。

从商品结构看，机电产品和劳动密集型产品①出口保持增长。1~4月，以本币计价，机电产品出口同比增长3.9%，快于整体出口增速2.1个百分点；劳动密集型产品出口同比增长1%。全球大宗商品价格持续下跌，推动了我国进口需求的上升，主要大宗商品原油、铁矿砂和初级塑料进口量增价跌，1~4月进口数量同比分别增长7.8%、0.7%和3.7%，进口金额同比分别下降43.1%、44.8%和11.3%。

（三）对主要贸易伙伴出口形势分化，进口普遍下降

从出口来看，由于各国家和地区经济复苏进程不一致，我国对主要贸易伙伴的出口也出现了明显分化。1~4月，对东盟、印度、南非、美国等国家和地区的出口增速达到或接近两位数，对韩国、澳大利亚等的出口增长较为平稳，对俄罗斯、日本的出口出现较大幅度下滑（见表）。初步测算，一季度我国对"一带一路"沿线国家和地区的出口表现较好，增长速度超过10%，高出同期出口总体增速5.5个百分点；进出口总值约为1.45万亿元，占同期我国外贸总值的比重超过1/4。从进口来看，我国对主要贸易伙伴的进口普遍下降，其中对巴西、俄罗斯、澳大利亚等大宗商品来源国的进口降幅较大，以本币计价，1~4月降幅分别为33.3%、29.9%、28.2%。

（四）服务贸易发展较快，贸易整体结构不断优化

近年来，我国服务贸易保持较快发展势头。2015年前两个月，我国服务进出口延续上年增长态势，进出口总额达到1005亿美元，比上年同期增长13.6%，高于货物贸易19.9个百分点。其中，金融服务、建筑服务、文化和娱乐服务进出口增长速度名列前三。服务出口357亿美元，同比增长5.4%；进口648亿美元，同比增长18.8%。"互联网+"推动在岸服务外包快速发展，一季度，我国承接在岸服务外包合同金额84.3亿美元，同比增长22.2%；执行金额52.6亿美元，同比增长20.8%。与"一带一路"沿线国家的服务外包合作进一步加深，一季度，我国企业承接"一带一路"沿线国家服务外包合同金额和执行金额分别为33.3亿美元和20.1亿美元，同比增速分别为

---

① 劳动密集型产品出口额根据纺织、服装、鞋类、箱包、玩具、塑料制品和家具七类产品出口额加总得到。

表 2015 年 1~4 月对主要国家和地区货物进出口金额及增速

国家和地区	出口额（亿元）	同比增长（%）	进口额（亿元）	同比增长（%）	进出口同比增长（%）
总值	42327.5	1.8	32673.9	−17.0	−7.3
欧盟	6698.2	−0.7	4239.1	−10.9	−4.9
美国	7491.9	9.2	3031.8	−11.5	2.3
东盟	5442.4	13.1	3508.8	−12.6	1.5
中国香港	5499.8	−9.8	163.8	−26.7	−10.4
日本	2700.6	−12.0	2846.5	−10.0	−11.0
韩国	1981.2	1.1	3393	−7.5	−4.5
中国台湾	818	5.9	2714.6	−3.9	−1.8
澳大利亚	737.5	6.2	1563.2	−28.2	−19.9
印度	1090.4	15.7	291.6	−27.2	2.9
巴西	623.4	−4.1	622.4	−33.3	−21.3
俄罗斯	574.5	−35.5	622.2	−29.9	−32.7
南非	319	18.7	472.5	−45.8	−30.6

30%和 8.1%。商务部预计 2015 年我国服务贸易总额将达到 6500 亿美元，增速保持在 10%以上。

（五）利用外资势头良好，对外投资步伐加快

一季度，我国实际使用外资直接投资金额 2145.7 亿元（折合 348.8 亿美元），同比增长 11.3%（不含银行、证券、保险领域数据）。其中，服务业实际使用外资 215.9 亿美元，同比增长 24.1%，在全国总量中的比重为 61.9%。一季度，我国非金融领域对外直接投资额为 1580.9 亿元（折合 257.9 亿美元），同比增长 29.6%。

（六）调查显示进出口行业景气度持续低迷

人民银行 2015 年一季度 5000 户工业企业出口订单扩散指数为 44.2，创2009 年二季度以来新低。国家统计局公布的 4 月中国制造业采购经理指数（PMI）新出口订单分项指数为 48.1，连续 7 个月低于荣枯线；进口分项指数为 47.8，连续 17 个月低于荣枯线。海关总署发布的中国外贸出口先导指数持续下滑。4 月，中国外贸出口先导指数为 35.9，较 3 月下滑 2.3，连续两个月下滑，表明 2015 年二季度我国出口形势依然严峻。其中，网络问卷调查数据显示，4 月我国出口经理人指数为 39.5，较上月回落 0.5；新增出口订单指数、出口经理人信心指数、出口企业综合成本指数分别回落 0.8、0.3、0.5 至 39.6、46、26.2。

二、2015 年对外贸易发展环境前瞻

综合分析国际与国内因素， 2015

年世界环境与国内经济发展仍然有利于我国对外贸易持续健康运行。

（一）国际环境总体平稳

一是全球经济将延续温和复苏态势。2015年，世界经济有利因素不断累积，但是新增动力不足，尚未出现显著的新经济增长点，也难以形成颇具规模的新产业群，不确定和不稳定性仍然较多，全球结构性问题尚未解决，需求疲软问题趋于长期化。联合国在1月发布的《世界经济形势与展望》中预测2015年全球经济将增长3.1%，从贸易量看，出口和进口将分别增长4.4%和4.7%；世界银行在1月的《全球经济展望》中预测2015年全球经济将增长3.0%，全球贸易量将增长4.5%；国际货币基金组织（IMF）在4月的《世界经济展望》中预测2015年全球经济将增长3.5%左右①，贸易量将增长3.7%；世界贸易组织（WTO）4月预测2015年国际贸易将增长3.3%左右。

二是主要经济体形势分化。美国经济增长有望延续向好态势，欧元区财政整固进程尚未结束，日本宽松货币政策刺激效力递减，IMF预计2015年美国GDP将增长3.1%左右，欧元区经济增长1.5%，日本经济增长1.0%。新兴经济体和发展中国家由于内部结构性矛盾不能根本化解，2015年增长仍将较为乏力。

三是国际大宗商品价格低位波动。2015年，由于全球经济增长动力偏弱，新兴经济体对于原油等国际大宗商品消耗下降，国际市场需求减少，在供给水平趋稳的情况下，国际大宗商品价格将

维持低位波动格局。受此影响，一些能源资源出口国经济陷入停滞甚至衰退，企业、居民和财政收入大幅缩水，金融风险显著上升。

四是全球货币政策分化。美联储基于经济复苏基础日益稳固继续推进货币政策正常化进程；而欧元区迫于经济增长压力正式实施欧版QE，货币宽松政策进一步加码；日本于2014年10月加大了货币宽松力度，大举扩大对政府债券、交易所交易基金（ETF）和房地产投资信托（JREIT）的购买规模。各国货币政策取向的分化将吸引国际资本回流美国，对国际金融市场造成冲击。一些外汇储备较少、财政和经常账户"双赤字"的新兴经济体将面临资本外流的考验。

五是地缘政治风险上升。2015年2月，德国、俄罗斯、法国、乌克兰达成明斯克协议，乌克兰冲突有所缓和，但冲突双方仍未彻底停火，紧张局势存在重新升级的可能。美国与欧盟的经济制裁在重创俄罗斯的同时，也使部分欧盟成员国经济复苏进程受阻。中东地区战事再起，"伊斯兰国"等极端组织对地区稳定乃至全球石油供应安全造成威胁。此外，埃博拉疫情阻碍了部分西非国家经济复苏。此类地缘政治危机和突发事件不仅持续对地区经济和社会发展释放负面效应，影响到区域内国家经济稳定发展，还对全球金融市场和国际商品价格形成冲击。

总体而言，2015年我国所处的国际

---

① 联合国和世界银行的全球经济增长率按汇率法GDP加权汇总，国际货币基金组织按购买力平价法GDP加权汇总。

环境基本稳定，有利于出口维持低速增长局面，但由于中国商品进一步提升国际市场份额的空间受限，依靠出口需求化解国内过剩产能难度加大；国际大宗商品价格回落将进一步压低资源、能源进口价格，一方面有利于我国扩大战略性资源进口，另一方面我国出口商品价格也相应被压低，拖累出口（金额）增速；新兴市场国家经济增长放缓，将继续抑制中国机电、装备等投资品出口；美国进入加息周期，将加剧我国短期跨境资本和人民币汇率波动风险。

（二）国内经济增长下行压力较大，外贸政策环境将继续优化

一是中国经济仍处于"三期叠加"阶段，潜在增长率下行。一季度内需增长放缓，投资、消费增速均有所回落；企业效益持续下降，企业生产经营困难加剧；工业产能过剩、房地产市场调整、地方债务风险、社会融资成本偏高等问题仍然存在，金融风险加速暴露。随着内需持续放缓，进口需求相应回落。

二是人民币汇率双向波动。我国人民币汇率已经改变单边升值状态，呈现"升贬互现"的双边波动走势。预计人民币汇率走势以双向波动为主，浮动区间有所扩大，外贸企业需适应汇率变化新形势。

三是对外贸易扶持政策发挥积极作用。2014年国务院先后出台了《关于支持外贸稳定增长的若干意见》和《关于加强进口的若干意见》，商务部、海关总署、人民银行等众多部门出台专项对外贸易政策，各地先后出台配套措施，落实工作取得积极成效。贸易便利化水平得以提升，不合理税费得到进一步清理，企业对外贸易成本下降，新型贸易业态发展加速。2015年政策影响将持续。2015年1月国务院又发布了《关于加快发展服务贸易的若干意见》，推动服务贸易的发展。随着政府进一步简政放权，对外贸易政策环境将继续优化。

三、2015年中国对外贸易增长预测

2015年，我国对外贸易面临的国内外环境总体有利，但形势仍然错综复杂，突发性因素不可忽视。初步预计，我国出口将增长5%左右，大宗商品进口数量稳中有升，维持低速增长趋势，但进口金额受价格拖累将下降8%左右。全年外贸顺差仍将处于高位，占GDP比重将有所提升。贸易结构方面，机电产品出口在上年低基数影响下增长情况有望好转，但由于新兴经济体增长承压，资本品需求继续减少，出口前景仍不乐观；劳动密集型产品存在部分刚性需求，增长速度相对稳定，但是受用工和土地等要素成本上升、低端制造业转移等因素影响，占出口总额比重难以提高。主要市场方面，由于各经济体增长呈现分化，预计对美国等经济复苏稳定、需求扩张的国家出口规模将稳步增长，对俄罗斯、巴西等新兴市场出口将有所下滑。

执笔：栾惠德

2015 年 4 月企业商品价格指数小幅下降

中国人民银行调查统计司稳定调查处

人民银行企业商品价格指数（CGPI）监测显示，4 月 CGPI 环比下降 0.2%，降幅比上月扩大 0.1 个百分点；同比下降 5.3%，降幅比上月缩小 0.1 个百分点。剔除农产品，CGPI 环比下降 0.1%，同比下降 6%。剔除季节因素，CGPI 环比下降 0.2%，上月为上升 0.2%。

4 月，消费品价格环比下降 0.3%，降幅比上月缩小 0.1 个百分点；投资品价格环比下降 0.2%，降幅比上月扩大 0.1 个百分点（见表）。

一、农产品价格环比下降，主要农产品价格涨跌不一

4 月，农产品价格环比下降 0.8%，同比上升 1.3%。其中，稻谷价格环比下降 0.3%，同比上升 3.9%；玉米价格环比上涨 0.6%，同比上升 5.3%；棉花价格环比上升 0.3%，同比下降 19.6%；油料价格环比上升 0.3%，同比上升 6.2%；蔬菜

价格环比下降 4.9%，同比上升 6.5%；活猪价格环比上升 4.9%，同比上升 21.3%；海鱼价格环比下降 1%，同比上升 5.3%。

二、金属矿产品价格涨跌互现

4 月，金属矿产品价格环比下降 1.7%，同比下降 21.4%。其中，铁矿石、金精矿和稀土矿价格环比降幅扩大，银精矿价格环比降幅收窄，铜精矿等常用有色金属价格环比小幅上升。

铁矿石价格环比下降 2.2%，同比下降 30.1%；常用有色金属价格环比上升 0.7%，同比下降 5.8%；稀土价格环比下降 1%，同比下降 13.9%；金精矿价格环比下降 2.6%，同比下降 7.7%；银精矿价格环比下降 2.3%，同比下降 14.2%；铜精矿价格环比上升 2.3%，同比下降 8.7%。

4 月，黑色金属冶炼及压延加工产品价格环比下降 1.5%，同比下降 18%。

表 企业商品价格分类指数

	总指数	基本分类				按生产过程分类			按用途分类					
		农产品	矿产品	煤油电	加工业产品	初级产品	中间产品	最终产品	投资品	固定资产	非固定资产	消费品	食品	非食品
环比（%）														
2014.11	-0.7	-0.0	-1.3	-2.2	-0.4	-1.2	-0.7	-0.2	-0.7	-0.4	-0.8	-0.2	-0.1	-0.3
2014.12	-0.9	0.5	-1.1	-2.9	-0.6	-1.2	-1.1	-0.1	-1.0	-0.6	-1.1	-0.0	0.1	-0.2
2015.01	-1.3	0.9	-2.2	-4.2	-1.0	-2.6	-1.5	-0.1	-1.5	-1.3	-1.6	0.1	0.3	-0.1
2015.02	-0.7	2.6	-1.5	-3.1	-0.6	-1.9	-0.7	0.2	-0.8	-1.1	-0.8	0.7	1.2	-0.0
2015.03	-0.1	-1.2	-1.0	1.2	-0.2	-0.8	0.1	-0.3	-0.1	-0.3	-0.0	-0.4	-0.7	-0.1
2015.04	-0.2	-0.8	-0.8	0.0	-0.1	-0.4	-0.1	-0.2	-0.2	-0.6	-0.1	-0.3	-0.3	-0.2
同比（%）														
2014.11	-3.6	-3.0	-9.1	-7.1	-2.8	-7.3	-3.5	-1.7	-3.9	-4.2	-3.8	-1.6	-1.6	-1.6
2014.12	-4.4	-2.5	-9.7	-10.2	-3.3	-8.5	-4.5	-1.7	-4.8	-4.6	-4.8	-1.6	-1.6	-1.7
2015.01	-5.6	-2.8	-11.5	-14.0	-3.9	-11.6	-5.6	-1.6	-6.1	-5.4	-6.2	-1.7	-1.7	-1.7
2015.02	-5.8	-0.9	-12.6	-15.7	-4.1	-12.9	-5.7	-1.4	-6.4	-6.2	-6.5	-1.1	-0.4	-1.9
2015.03	-5.4	-0.2	-12.6	-14.7	-3.8	-12.2	-5.3	-1.2	-6.0	-5.8	-6.0	-0.9	-0.1	-2.0
2015.04	-5.3	1.3	-12.7	-14.2	-3.9	-11.1	-5.5	-0.9	-5.9	-6.1	-5.9	-0.5	0.6	-1.9
2015年1~4月	-5.6	-0.7	-12.3	-14.6	-3.9	-12.0	-5.5	-1.3	-6.1	-5.9	-6.1	-1.1	-0.4	-1.9

其中，生铁价格环比下降 2.5%，同比下降 19.8%；钢锭价格环比上升 0.9%，同比下降 11.7%；钢材价格环比下降 1.9%，同比下降 19.8%。

4月，有色金属冶炼及压延加工产品价格环比上升 1.1%，同比下降 5.1%。其中，金冶炼产品价格环比上升 0.6%，同比下降 9.6%；银冶炼产品价格环比下降 0.3%，同比下降 15.4%；铜冶炼产品价格环比上升 1.4%，同比下降 9.2%。

三、原油及成品油价格环比回升

4月，石油价格环比上升 4.9%，同比下降 39.1%；成品油价格环比上升 1.2%，同比下降 20.4%；原煤价格环比下降 3.1%，同比下降 17%；天然气价格环比上升 0.1%，同比下降 1.9%；电力价格环比下降 0.8%，同比下降 1.2%。

四、其他主要加工业产品价格变化情况

4月，农副食品加工产品价格环比下降 0.1%，饮料价格环比持平，纺织业产品价格环比上升 0.1%，家具制造业产品价格环比下降 0.4%，化学原料及化学制品价格环比上升 1%，化纤产品价格环比上升 3%，电气机械产品价格环比下降 0.4%，通用设备产品价格环比下降 0.2%，专用设备产品价格环比下降 0.2%，交通运输设备价格环比上升 0.1%。

执笔：刘 珂

对当前物价结构性下跌的分析与思考

中国人民银行南京分行调查统计处

2014 年下半年以来，全国 CPI 同比增速明显下行，2015 年 1 月一度下行至 0.8% 的低点；PPI 同比降幅在经历 2014 年上半年的逐步收窄后，自下半年开始降幅再度扩大，截至 2015 年 3 月已经连续 37 个月下跌。这引发了社会各界对于当前中国是否已经进入通货紧缩（以下简称通缩）的争议。在此背景下，我们首先对通缩的判断标准进行了梳理，并将本轮物价低位运行与 20 世纪 90 年代末期的典型通缩进行了对比分析，结果显示，当前我国尚未形成实质性通缩。

展望 2015 年，猪肉价格上涨周期启动，国际油价有望触底反弹，加之劳动力成本依然刚性上涨、资源品价格改革继续推进等因素，预计 2015 年以 CPI 指标衡量的通缩出现的可能性不大，但 PPI 预计继续处于负增长区间。对于目前这一轮物价的结构性下跌，我们认为其治理也宜采用结构性对策，全面大幅度的总量宽松仍须谨慎。

一、通缩的判断标准

对于通缩的判断标准，国内外还没有完全统一的认识，主要观点大体可以归纳为以下三种。

1. 三要素论。该观点认为通缩是经济衰退的货币表现，因而必须具备三个基本特征：一是物价的普遍持续下降；二是货币供给量的连续下降；三是有效需求不足，经济全面衰退。

2. 双要素论。该观点认为通缩是一种货币现象，表现为价格的持续下跌和货币供给量的连续下降。

3. 单要素论。该观点认为通缩就是指物价的全面持续下降。

尽管上述观点对通缩的判断仍有争论，但对于物价的全面持续下降这一点却是普遍认同的。根据 IMF 的定义，通缩是指以消费者物价指数（一般用 CPI 表示）或 GDP 平减指数来衡量的总体物价水平的持续下降。

二、当前尚未形成实质性通缩

根据上述各种通缩判断标准，不论是基于三要素论、双要素论还是单要素论，都不能得出我国已经进入通缩的判断。就一些主要指标的表现来看，目前的特征与 20 世纪 90 年代末那轮典型通缩时期相比，也存在很大差别，主要体现在以下三个方面。

（一）当前物价水平并未出现全面持续下跌

与 20 世纪 90 年代末的那一轮通缩时期 CPI 和 PPI 出现同步下降不同，当前物价运行呈现 CPI 和 PPI 一涨一跌的结构性特征。其中，CPI 只是涨幅放缓，但仍然运行在上涨区间。目前来看，物价调整的压力主要来自工业品领域，在产能过剩以及国际大宗商品价格大幅下降背景下，PPI 已经持续 37 个月下跌（见图）。

（二）当前也没有出现明显的经济衰退和失业问题

一是经济运行相对稳定。2014 年四个季度的 GDP 增速分别为 7.4%、7.5%、7.3% 和 7.3%，2015 年一季度为 7.0%，运行相对平稳，并没有出现大幅下滑。而 90 年代末通缩期间，全国 GDP 增速从 1997 年上半年的 10.2% 迅速下滑至全年的 9.3%，1998 年上半年又大幅下滑至 7.2%。二是就业形势较为稳定。2014 年城镇新增就业 1322 万人，为近年之最，比上年多增 12 万人；2015 年一季度新增 324 万人，虽然同比少增 20 万人，但 2015 年一季度全国劳动力市场求人倍率为 1.12，仍处于超过 1 的供不应求状态。2015 年一季度统计局公布的调查失业率为 5.1%，与 2014 年持平。而 90 年代末通缩期间，出现了大量员工下岗分流或失业现象，对总需求产生了明显的抑制作用。三是企业利润率仍然处于合理水平，没有出现大面积亏损和倒闭现象。2014 年，规模以上工业企业利润率为 5.91%，近 3 年基本在 6% 左右的水平波动，明显高于 90 年代末通缩时期 2%~3% 的利润率水平。与此同时，企业亏损面也处于历史较低水平。2014 年规模以上工业企业亏损面为 11.89%，与上年基本持平，而 90 年代末通缩时期，企业亏损面持续多年处于 20% 以上的水平。

（三）货币供应量和信贷增速依然平稳

截至 2015 年 3 月末，广义货币供应量 M2 余额同比增长 11.6%，较上年末小

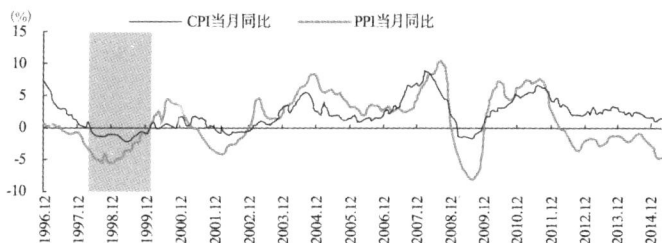

图　1997 年以来我国 CPI、PPI 当月同比走势

幅回落；本外币贷款余额同比增长13.3%，与上年末持平。M2增速依然超过GDP增速和CPI之和3.2个百分点，高于1~2个百分点的经验值，显然不符合信贷和货币供应量持续下降的通缩判断条件。当然，在现代信用货币扩张的趋势下，很难出现货币供给量连续下降的情况。

三、CPI、PPI变化情况及影响因素分析

2001年以来，按照"峰—峰"为一个周期的划分方法，CPI、PPI当月同比涨幅均经历了四轮波动周期①。我们利用时差相关分析法，对影响CPI、PPI的主要因素在不同波动周期中效应的变化进行分析，深入剖析当前CPI、PPI低位运行的原因。

（一）总需求：对PPI、CPI波动的影响均较强

反映总需求压力的较常用指标，是衡量实际产出与潜在产出之间差异的产出缺口②。产出缺口为正，表明总需求偏热，会带来通胀压力；缺口为负，说明总需求偏冷，则会带来通缩压力。时差相关分析表明，考察期间GDP产出缺口领先CPI、PPI同比涨幅均2个季度，时差相关系数为分别为0.6918、0.5888。

从2001年以来CPI波动的四轮周期来看，第一轮波动周期中，CPI的波动主要受粮食供给冲击的影响，产出缺口对CPI的影响相对较弱；近三轮周期中，产出缺口对CPI的影响力均较强。从2001

年以来PPI波动的四轮周期来看，最近的两轮波动周期中，产出缺口对PPI的影响明显增强，主要表现在影响时滞缩短，影响系数增大。

2008年以来的两轮价格波动周期中，PPI对产出缺口变动的敏感性要强于CPI。我们分析，主要有以下两个方面的原因：（1）PPI中原材料的成分居多，与投资需求关联更为密切，同时作为可贸易品，PPI对出口需求变动也相对更为敏感，而CPI则与消费需求关联更为密切。在近年总需求变动主要由投资和出口需求变化引致的情况下，PPI受到的影响更为显著，CPI受到的影响相对缓和。（2）CPI中不仅包括商品，还包括服务，而服务类消费项目中劳动力成本占比较高。近年来CPI更多受到劳动力成本上涨的推动，也使得总需求对CPI的影响效力相对PPI而言较弱。这也在一定程度上解释了为什么2012年以来CPI、PPI呈现一涨一跌的结构性特征。

（二）货币供应量：金融危机后对CPI、PPI的影响明显减弱

时差相关分析显示，M1增速分别领先CPI、PPI涨幅9个月和8个月，时差

---

① CPI的四轮周期划分：第一轮为2001年5月至2004年7月，第二轮为2004年8月至2008年2月，第三轮为2008年3月到2011年7月，第四轮为2011年8月至今。PPI的四轮周期划分：第一轮为2000年7月到2004年10月，第二轮为2004年11月到2008年8月，第三轮为2008年9月到2011年7月，第四轮为2011年8月至今。

② 产出缺口即实际GDP总量与潜在GDP总量之差占实际GDP的比率，本文潜在GDP采用消除趋势法得到，参见郭庆旺等《中国潜在产出与产出缺口的估算》，刊于《经济研究》2004年第5期。

相关系数分别为 0.4587 和 0.6368；M2 增速分别领先 CPI、PPI 涨幅 16 个月和 11 个月，时差相关系数分别为 0.3818 和 0.5058。由于 M1 更能反映与实体经济活动相关的交易性货币的变化，因此，相较于 M2，M1 对物价的影响更强，也更快。

但是，在整个考察区间内，即便从 M1 和物价的相关度来看，也并不是非常显著，这主要是因为 2008 年以来最近的两轮价格波动周期中，M1 对物价的影响明显减弱。我们分析认为，这主要由以下三方面因素导致：（1）过剩产能和政府融资平台等资金使用效率较低的部门大量占用资金，导致货币流动性下降，使得货币供应量对物价的推动作用相应减弱。（2）在金融危机后工业企业产能过剩明显加剧的背景下，流动性难以推动消费品特别是工业品价格上涨，大量资金进入收益率相对更高的资产市场。（3）随着金融创新产品的快速发展，货币与其他金融产品的转换更便捷，其他金融产品对货币的替代性增强，也导致货币供应量对物价波动的影响趋于减弱。

（三）国际原油、铁矿石价格波动的外生冲击：对 CPI、PPI 的影响显著

2001 年加入世贸组织以来，我国与全球经济联系日益紧密，国内物价受到国际大宗商品价格的影响日益增强，特别是作为我国进口金额最大的两种商品的原油、铁矿石，其国际价格波动较为剧烈，对国内物价的影响尤其显著。

1. 国际原油价格对 CPI、PPI 的影响。测算显示，在 2001 年以来的整个考察区间内，国际原油价格增速变动领先 CPI、PPI 变动均为 1 个月，时差相关系数分别为 0.5454、0.8484。进一步细分周期来看，国际原油对 CPI、PPI 的影响效应都明显增强，主要表现在影响时滞缩短、影响系数增大。

我们认为这主要受两方面因素影响：一方面，随着我国原油进口量不断增长，对外依存度越来越高，导致国际原油价格变化对国内物价的影响越来越大。数据显示，我国原油进口量从 1999 年的 0.37 亿吨快速增加到 2014 年的 3.08 亿吨，对外依存度由 15.5% 上升至 59.4%。另一方面，我国成品油价格改革的不断推进，导致国际原油价格对国内物价的传导增强。此外，近两轮价格波动周期中，国际原油价格对 CPI 影响效应明显增强，还与近年来我国城镇居民的汽车拥有量大幅度增加导致成品油消费需求明显扩张有关。

2. 铁矿石价格对 CPI、PPI 的影响。随着我国铁矿石进口量的增加和对外依存度的提高，国际铁矿石价格的波动也直接影响着国内 CPI、PPI 的波动。我国铁矿石进口量由 2002 年的 1 亿吨快速增加至 2014 年的 9.3 亿吨，2014 年我国铁矿石对外依存度高达 78.5%。时差相关分析显示，2006 年以来，铁矿石价格波动平均领先 CPI、PPI 波动均为 2 个月，时差相关系数分别为 0.7172、0.8519。

（四）食品价格尤其是猪肉价格：影响 CPI 的主要结构性因素

CPI 波动除受上述因素影响外，还受到食品价格波动的结构性因素影响。

由于食品在CPI中的权重最大（占1/3左右），因此食品价格波动与CPI波动具有高度的同步相关性。据测算，2001年以来，食品价格当月同比涨幅与CPI当月同比涨幅的相关系数高达0.9647。而食品中，由于猪肉在CPI篮子中占比最大（约为3%），并且相对其他组成商品，猪肉价格波动较大，因此其对食品价格以及CPI的影响很大。2001年以来，猪肉价格当月同比涨幅[①]与食品价格当月同比涨幅相关系数高达0.9234，与CPI当月同比涨幅相关系数高达0.8934。从CPI波动的四轮周期来看，猪肉价格波动与CPI均高度相关。

从猪肉价格自身变化周期规律看，本轮周期与前两轮[②]周期相比发生了明显变化：一是波幅明显收窄。猪肉价格当月同比涨幅回升到2013年8月的6.03%后回落，而上两轮最大涨幅分别为80.9%和57.1%。二是上行时间明显缩短。本轮猪肉价格同比涨幅上行维持12个月，涨幅为正仅持续7个月，而上两轮猪肉价格周期上行时间分别为15个月和26个月，涨幅为正分别持续25个月和24个月。本轮猪肉价格波动周期波幅收窄，回升乏力，主要原因在于两个方面：一是从供给看，生猪规模化养殖比重的提高降低了生产成本，缩小了猪肉波动幅度。2014年，我国年出栏500头以上的生猪养殖场占养殖总量的比重从2007年的22%提高到46%。二是从需求看，2012年末中央实施"八项规定"，对公务消费及餐饮浪费产生较大影响，进而使猪肉需求减弱。猪肉需求的减弱导致供给相对过剩，2013年春节过后，随着"八项规定"的作用逐步显现，猪肉价格走势发生了明显偏移，并于2013年结束了短暂的上行期。

四、2015年以CPI衡量的通货紧缩出现的可能性不大

2015年，预计猪肉价格上涨周期启动、国际油价触底反弹，加之劳动力成本依然刚性上涨、消费需求总体平稳、货币环境较为适度、资源品价格改革继续推进等因素，预计以CPI指标衡量的通缩出现的可能性不大。预计2015年CPI同比上涨1.8%左右，低于2014年0.2个百分点。具体来看，全年CPI涨幅将呈现"前低后高"的走势，1月0.8%的涨幅为全年低点，随后震荡上扬，不会出现CPI同比持续负增长的情况。

（一）与CPI高度相关的猪肉价格预计将重返上涨通道

2014年，我国猪肉价格全年跌幅达9.5%，直接拉动全年CPI涨幅下降约0.3个百分点，对CPI的下拉幅度比2013年扩大0.23个百分点。展望2015年，猪肉价格涨幅预计将由负转正，重新进入上涨通道。一是生猪存栏量持续收缩对猪肉供给的影响将逐步显现。截至2015年

---

① 由于2005年之前的猪肉价格同比涨幅数据难以获得，本文以肉禽及其制品价格（猪肉占肉禽及其制品的权重约45%）代替。

② 基于数据可得性，本文根据"谷—谷"为一个完整周期将2005年以来猪肉价格波动周期做如下划分：第一轮为2006年4月至2009年5月，第二轮为2009年6月至2012年8月，第三轮为2012年9月至今。

3月末，全国生猪存栏量为3.87亿头，已降至2008年有数据统计以来的历史最低点，持续30个月同比下降。考虑到生猪养殖具有较强周期性，存栏量的调整对出栏量的影响预计在2015年逐步显现，猪肉供给将明显减少，下半年或出现阶段性供给偏紧。二是从猪肉价格波动规律看，2015年猪肉价格有望触底反弹。从近几轮周期看，我国猪肉价格运行周期约为37个月。截至2015年3月，本轮猪肉价格波动周期已持续32个月，考虑到本轮周期上行阶段持续时间较短可能导致整个周期有所缩短，预计2015年二季度后猪肉价格会进入上涨通道。从最近的4月数据来看，猪肉价格环比已经有所上涨。

（二）国际原油价格低位震荡并有所回升，对物价的抑制作用有望减弱

2015年一季度以来，随着生产成本较高的美国页岩油生产企业停产现象逐步增多，国际原油价格在触底后震荡反弹。从后期来看，由于国际油价所处市场环境进一步恶化的可能性不大，对我国CPI的抑制作用也将有所减弱。

但国际铁矿石价格预计仍将低位震荡。未来一段时间，铁矿石市场供大于求仍将延续。从供给看，虽然铁矿石价格大幅下跌，但国际主要矿山的扩产潮仍在继续。而从需求看，作为全球最主要铁矿石消耗国的中国经济增长预期走低，房地产市场持续调整，环境压力不断加大，均将制约铁矿石需求的增加。因此，短期内国际铁矿石价格将维持低位震荡，但考虑到一些处于亏损状态的

高生产成本中小矿企的陆续退出，铁矿石价格继续大幅下跌的概率也不大。

（三）消费需求相对平稳有望支撑CPI增长

2015年，随着一系列刺激消费政策作用的逐步显现，消费需求仍将保持相对平稳增长。一是城乡居民收入稳定增长，对消费形成有力支撑。2014年，全国城镇居民人均可支配收入实际增长6.9%；农村居民人均纯收入实际增长9.2%，与上年基本持平。二是成品油价格保持低位，汽车消费有望平稳增长。受油价持续下跌导致用车成本下降、新能源汽车的补贴政策以及黄标车、老旧车淘汰力度不断加大等因素推动，汽车消费有望保持相对平稳增长，从而对消费增长起到一定支撑作用。三是新兴业态消费增长较快，电子商务和网络消费持续快速增长，服务类消费升温，休闲旅游将成为新的消费热点。

（四）劳动力价格上涨和资源型产品价格的市场化改革将对CPI上行形成持续有力支撑

随着我国劳动年龄人口的持续下降，2015年我国劳动力价格将依然延续上涨态势。根据《关于深化收入分配制度改革的若干意见》，到2015年，绝大多数地区最低工资标准要达到当地城镇从业人员平均工资的40%以上。目前，各地离这一目标还有一定差距。截至2015年3月，全国已有7个地区先后上调了最低工资标准。人工成本刚性上涨，也将助推CPI项下服务类消费项目价格进一步上涨。

此外，2015 年我国市场化价格改革将加快推进，对 CPI 的影响在今后一段时期内将持续体现。

五、2015 年 PPI 预计继续在下跌区间运行

2015 年，受产能过剩压制、投资需求回落等因素冲击，PPI 仍将在下跌区间运行，综合考虑翘尾效应和新涨价因素，预计 2015 年 PPI 同比下跌 2.8%左右，跌幅较 2014 年扩大 1.1 个百分点。具体来看，上半年 PPI 下跌局面难有改观，下半年将有所改善，全年将呈现"前低后高"的走势。

(一) 产能过剩将继续抑制 PPI 上涨

部分领域产能过剩是导致 PPI 负增长的主要原因。从 2000 年以来的较长时序数据来看，反映企业产能过剩状况的设备利用率指数[①]与 PPI 走势高度吻合。目前来看，企业设备利用率指数在 2012 年一季度回落至 40.4%后，在 40%左右已经持续低位震荡了 3 年，较 2010—2011 年的平均水平下降 3 个百分点。

在 2008 年国际金融危机爆发后的大规模刺激政策作用下，投资需求迅速膨胀，近年来前期投资大量转化为当期产能投放。由于重化工业产能过剩在中短期内难以有效出清，部分行业产能释放与产能建设仍在扩张，投资金额和沉没成本巨大，企业退出壁垒较高，供给扩张的持续性较强。预计 2015 年仍然处于产能过剩行业"去库存、去产能、去杠杆"的煎熬期，预计工业品价格难以反弹。

(二) 投资需求疲弱背景下 PPI 反弹动力不足

中国人口周期拐点到来，房地产市场投资需求面临中期调整压力，并带动相关制造业投资需求和基建投资需求的回落。据人民银行研究局课题组测算，假设其他宏观环境基本稳定，在 2015 年商品住宅销售面积增速相对 2014 年分别下降 0 个、5 个、10 个百分点三种情景下，2015 年房地产开发投资增速将比 2014 年分别下降 2.5 个、3.6 个和 4.6 个百分点。考虑到房地产行业投资对相关产业链的影响，房地产投资需求疲弱将明显制约 PPI 的反弹。

① 数据来源于中国人民银行 5000 户工业企业景气调查。

流动性整体投放 市场利率季末回升
——2015 年一季度货币及债券市场收益率监测

中国人民银行调查统计司市场统计处

一、流动性整体投放性操作，前两月顺利传导至货币和债券市场

一季度初，市场利率水平较上年末明显回落，中央银行针对市场流动性状况和利率水平进行了续作中期借贷便利（MLF）并扩大规模、持续公开市场逆回购、降准①、降息②、下调逆回购利率累

在货币政策的引导下，货币市场利率维持低位并顺利传导到债券市场，同时由于经济运行依然偏弱，CPI 维持低位，年末资金面紧张的局面相对改善，机构投资者因盈利压力较大导致债券资产配置需求旺盛，国债收益率曲线连续下移（见图）。

二、3 月货币政策传导受部分因素干扰，季末市场利率回升

3 月市场条件发生变化：一是新股申购对市场流动性造成较大影响，二是月初降息后市场对货币政策进一步放松的预期有所降低，三是快速上涨的股市分流大量

图　银行间市场国债收益率曲线走势

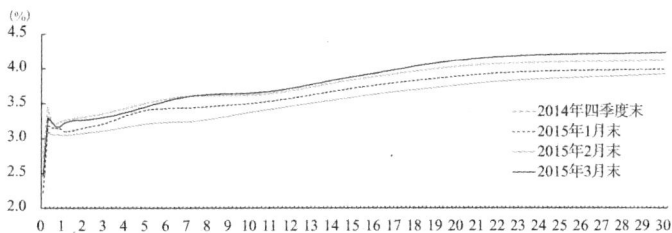

资料来源：中央国债登记结算有限公司。

计 30 个基点等一系列操作，引导市场利率维持在较低水平。

---

① 中央银行自 2 月 5 日起下调金融机构人民币存款准备金率 0.5 个百分点。

② 中央银行自 3 月 1 日起下调存贷款基准利率 0.25 个百分点。

资金，四是春节后的"开工"效应引起信贷资金需求的增加。这些因素引起货币市场利率上升，债券市场也出现较大幅度的调整。3月末，二套房首付比例的下调引发市场对信贷需求增加从而挤占债券市场资金供应的预期，与前期1万亿元地方政府债务置换引发的对债券供应规模剧增的担忧叠加，使国债收益率连续上移，中长端已超过上年末水平。季末隔夜 Shibor 为 3.18%，1 年期与 10 年期国债收益率分别为 3.22% 和 3.65%，长短利差扩大为 43 个基点。

三、受个别债券违约预期和发行量大增影响，公司信用类债券收益率与发行利率季末上升

前两个月国债收益率下行带动公司信用类债券收益率连续回落。与债券资产配置的需求相比，前两月债券发行数量相对较少，供应的"稀缺"使公司信用类债券收益率与国债收益率的利差维持在 110 个基点左右，发行利率也连续下降。3 月随着国债收益率上行，公司信用类债券收益率也开始反弹，"ST 湘鄂债"违约预期使公司信用类债券收益率的信用利差明显上升。季末 5 年期 AAA 级中短期票据收益率为 4.95%，与国债信用利差达 148 个基点。3 月，由于债券集中到期，企业需要发行新债券募集资金兑付到期债务，债券发行量大幅增长，当月平均发行利率因而上扬，达 5.21%。

四、投资城投债的不确定性有所上升，但仍有一定吸引力

1~2 月，城投债收益率追随国债持续走低，但受地方政府债务甄别影响，投资不确定性有所上升，与非城投债收益率间利差明显扩大。3 月随着债券市场的调整，城投债收益率出现反弹，当月平均收益率为 6.34%。3 月城投债发行量大幅增长，达 1179 亿元，但发行利率仍延续 1~2 月的下降趋势，表明在地方政府存量债务置换的背景下，高收益尤其是可能纳入地方政府预算的城投债仍对市场有一定的吸引力。

五、对市场收益率走势的思考

总体来看，一季度货币政策在货币及债券市场的传导比较顺畅，在引导预期和降低融资成本方面的效果比较明显，但也面临财税体制改革推进的影响和资本市场事件引起的市场波动与调整。货币政策要注意稳定市场预期，密切关注财政政策以及资本市场条件的变化，注意政策间协同搭配，熨平资金面短期波动，引导短端收益率水平平稳下行，保持长端稳定，配合总体调控目标落实。

执笔：毛奇正

上市房企整体流动性风险下降
但企业间分化显著

中国人民银行营业管理部调查统计处

截至 2015 年 4 月末，沪深两市共 132 家上市房地产开发企业（以下简称房企）公布了 2014 年财务报告。人民银行营业管理部对上述房企的财务数据分析结果显示，龙头企业的财务负担及流动性状况明显改善，非龙头企业经营状况改观不大，债务负担仍在加重。宜利用当前时期推动房地产业的兼并重组及业务转型。

一、龙头企业负债水平好转趋势较为明显，非龙头企业债务负担继续加重

一是整体名义资产负债率仍然高企不下，龙头企业有所回落。2014 年末，开发类房企整体资产负债率达到 76.1%，仅次于 2014 年三季度 76.2% 的历史最高值，已经在 70% 的警戒线之上运行 16 个季度。其中，招商地产、保利地产、万科 A、金地集团（以下简称招保万金）4 家龙头房企的资产负债率回落至 75.6%，自 2006 年以来首次低于整体水平（见图 1）；而非龙头房企的资产负债率为 76.4%，再创历史新高，超出整体负债水平。

二是整体实质资产负债率再创历史新高，不同企业分化明显。从剔除预收账款后的实质资产负债率看，2014 年末开发类房企整体实质资产负债率创历史

图 1　房企资产负债率

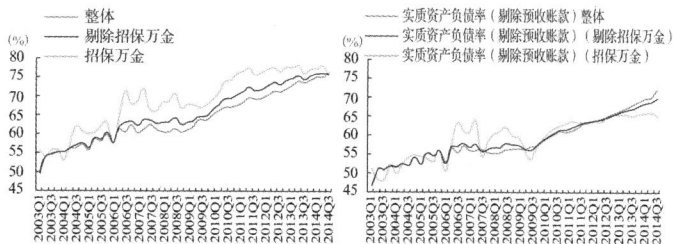

数据来源：同花顺（下同）。

图2 现金对有息负债的覆盖率

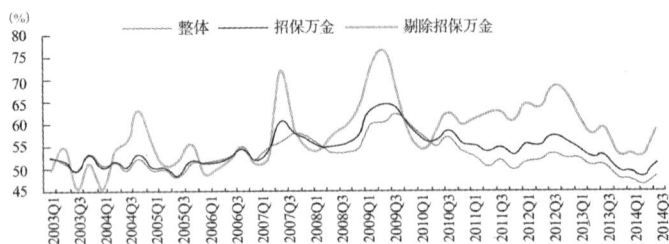

值环比三季度末上升 6.2 个百分点至 44.2%。其中，招保万金比值为 61.6%，环比三季度末上升 12.7 个百分点，仅比 2013 年同期水平低 0.7 个百分点（见图 2）；非龙头企业比值为 37.8%，环比三季度末仅上升 4 个百分点，低于 2013 年同期水平 5.7 个百分点。

新高，达 69.9%，临近 70% 的警戒线。但不同企业之间的分化趋于明显：招保万金的实质资产负债率为 64.9%，回落趋势较为明显；而非龙头房企的实质资产负债率快速攀升至 72%，再创历史新高，呈加速上升的态势。

龙头房企资产负债水平的好转，源于一系列房市利好政策推动销售速度回升。2014 年四季度，龙头企业销售商品、提供劳务获取的现金同比增速回升至 19.6%，结束了前三季度连续负增长的不利局面。尽管非龙头企业销售商品、提供劳务获取的现金也同比增长 7.6%，但仍难抑制资产负债率的持续走高。对比来看，2014 年四季度非龙头企业销售商品提供劳务获取的现金约为招保万金的 1.2 倍，但其有息负债却是招保万金的 2.7 倍，销售速度回升增加的现金流不足以降低财务杠杆。

三是现金对有息负债覆盖率底部回升，龙头企业升幅明显接近 2013 年末水平。在经历 7 个季度下降后，2014 年末，开发类房企现金与全部有息负债之比终于呈现较明显的触底反弹态势，整体比

二、龙头企业存货压力缓解、去化周期明显缩短，非龙头企业改善有限

一是龙头企业库存去化趋势明显，其他企业库存压力依然较大。2014 年末，开发类房企扣除预收账款成本后的存货达到 16684.3 亿元，同比上升 17%，增速同比下降 7.2 个百分点。其中，招保万金同比上升 5.5%，增速同比下降 15.6 个百分点；其他企业同比上升 23.3%，增速同比仅下降 2.7 个百分点。

二是去化周期连续 3 个季度下降，龙头企业去化周期已低于历史平均水平。2014 年末，开发类房企的存货去化周期约为 6.2 个季度，连续 3 个季度环比下降，比 2013 年同期仅高出 0.2 个季度。其中，招保万金的去化周期降至 4.3 个季度，同比下降 0.6 个季度，已低于历史平均水平；其他企业的去化周期为 7.8 个季度，同比仍高出 1 个季度，较历史平均水平高出 2.2 个季度。

三是资产流动性未有明显改观。2014年四季度末，开发类房企现金与实质存货的比值比三季度末的历史最低值回升2个百分点至17.9%，同比仍然下降0.6个百分点。其中，招保万金的资产流动性连续3个季度得到改善，现金与实质存货的比值高出2013年同期2.1个百分点，但比值仍处于历史底部区域；其他房企的资产流动性改善趋势不明显，现金与实质存货的比值低于2013年同期2.3个百分点。

三、龙头企业现金获取能力基本恢复，非龙头企业历史旧账难以还清

一是销售现金收入创历史新高。2014年四季度，开发类房企销售商品、提供劳务收到的现金同比上升12.8%，扭转了前三季度累计同比下降的不利局面。其中，招保万金同比上升19.6%，增速同比提高5.4个百分点；其他企业上升7.6%，增速同比下降6.9个百分点。

二是整体经营性现金首次实现净流入。2013年初以来，伴随市场环境的变化，上市房企获取现金的能力大幅下降，整体经营性现金连续7个季度净流出，至2014年四季度才首次实现净流入。龙头企业表现出较强的适应能力，招保万金自2014年二季度起即已连续3个季度实现经营性现金净流入，自2003年以来的累计净流量依然为正。而其他企业自2003年以来的累计净流量为负，

假设未来每个季度可以实现2014年四季度的经营性现金流入水平，8个季度的累计净流出量仍然需要8.5个季度才可以弥补完毕。

三是Z值分析显示有破产风险的企业数量大幅回落。对房企进行Z值分析显示，2014年末，有破产风险的企业数量占比24.2%，较2014年二季度的历史峰值下降15.8个百分点，较2013年末下降3.8个百分点；无破产风险的企业数量占比21.2%，较2013年末上升3.8个百分点，虽仍处于历史较低水平，但已创近3年的新高。

四、结论和建议

一是去库存仍是当前第一要务。从整体上看，上市房企已渡过最艰难的时期，流动性风险得到缓解；但非龙头企业的库存压力依然非常沉重，如得不到及时缓解，必将加大企业运营资金的消耗，资产负债水平难以降低，企业的流动性风险会再次加大。

二是宜维持当前市场环境。当前市场环境使得房企经营状况显著分化，有利于房企的优胜劣汰，宜维持当前市场环境，使过多的产业资本和部分经营不善的企业退出房地产市场，降低房地产业对经济的影响。

三是积极推动房企并购重组。

执笔：马　冰

四川省贷款产出效率状况分析

中国人民银行成都分行调查统计处

作为金融资源的主体，银行贷款具备配置其他经济资源的特殊属性。通过分析贷款产出效率（GDP/各项贷款），可以初步了解单位贷款投入与最终产出的变动关系，明晰贷款资源在促进经济发展中的地位和作用。为有效提高四川省贷款资源使用效率，推动四川经济转型升级发展，我们对 2000 年以来全省贷款产出效率的发展变化情况进行了比较分析，剖析了影响其发展变化的主要因素，并提出相关政策建议。

一、2000 年以来四川贷款产出效率的基本情况

（一）四川贷款产出效率总体呈现波动走势，2007 年以来出现明显下降势头

贷款产出效率中的贷款指标可用余额和增量两种口径数据表示，但考虑到贷款余额中不同年份发放的贷款均会参与当年 GDP 价值创造，本文在分析贷款产出效率时，主要采用 GDP 与本外币各项贷款余额之比进行衡量。测算显示，

2000 年以来，四川贷款产出效率呈现"下降—上升—下降"的波动走势。2000 年四川贷款产出效率为 0.95，2003 年下降为 0.87 后出现明显上升，并在 2007 年达到 1.12 的顶点后又开始出现下降态势，2014 年降至 0.82，为 2000 年以来的最低水平。

（二）四川贷款产出效率走势与全国一致，并持续高于全国平均水平

2000 年以来，四川贷款产出效率走势与全国保持一致，均呈现出波动走势，并持续高于全国平均水平。从效率差距看，2000—2005 年，四川的领先优势不断扩大，2005 年二者差距达到 0.18，2005 年以后二者差距有所缩小，差值水平总体维持在 0.12 上下小幅波动，2014 年差值水平为 0.09。

（三）从省际比较看，四川贷款产出效率总体处于中游水平

从全国 31 个省（市、区）看，四川贷款产出效率居中游水平，2014 年排在第 15 位，比处于首位的湖南低 0.48，比处于末位的北京高 0.42。从经济总量居

前 8 位的省份看，四川贷款产出效率比较靠后，2014 年排在第 6 位，列辽宁之后和广东之前，比居首位的山东低 0.29，比居末位的浙江高 0.26。从西部地区 12 个省份看，四川贷款产出效率较为靠前，2014 年排在第 4 位，比居首位的内蒙古低 0.36，比居末位的青海高 0.29。

二、影响四川贷款产出效率发展变化的主要因素

（一）导致贷款产出效率下降的因素分析

2007 年以来，四川贷款产出效率总体呈现下降态势，其影响因素主要有：

1. "超额"信贷投放。"超额"信贷投放会降低有效贷款率，有效贷款率为实际推动产出的有效贷款额与名义贷款额之比，与贷款产出效率呈正相关关系。在商业银行盈利模式没有发生根本改变的情况下，银行通过做大贷款规模盈利的动机较强，贷款投放量可能超过有效贷款需求，导致部分贷款资源没有进入社会资本循环和价值创造。在股票市场和民间借贷活跃期间，还可能存在贷款资金进入股市的"脱实向虚"现象，导致流入实体经济的贷款资金减少。此外，贷款也有可能存在虚增因素，如虚假贸易下的票据融资、将贷款转为质押存单、贷款的借新还旧等，这些贷款资金均计入信贷投放，增大了贷款余额，但并没有对实体经济增长产生实质作用，从而降低了有效贷款率，进而对贷款产出效率产生负面影响。测算显示，

2000—2006 年全省各项贷款年均增速仅为 10.7%，低于同期 GDP 名义增速 2.1 个百分点，但 2007 年以来全省贷款增速持续高于 GDP 名义增速，2007—2014 年各项贷款年均增速达到 20.1%，高出 GDP 名义增速 4.0 个百分点。

2. 贷款资金周转率下降。贷款资金周转率下降会影响参与社会价值创造的贷款资金投放规模，主要体现为：一是信贷资金投向长期化。在投资拉动经济增长模式未发生根本改变的情况下，为获得持续稳定的资本回报，商业银行信贷投放长期化特征明显，在一定程度上降低了贷款周转速度。2000 年以来，四川中长期贷款占比总体呈现攀升态势，2014 年全省各项贷款新增 3.5 万亿元，其中，中长期贷款占比高达 66.2%，比 2000 年大幅提高 36.1 个百分点。二是企业资金周转速度开始高位放缓。尽管全省规模以上工业企业流动资产周转率由 2000 年的 1.16 稳步提高到 2011 年的 2.95，但随着近年来企业应收应付的"三角债"现象增多，2014 年企业流动资产周转率下降为 2.62，比 2011 年下降 11.2%，在贷款余额不变的情况下，企业资金周转速度放缓势必降低实际资金投入量和贷款产出效率。

3. 信贷投向存在"偏差"。随着金融市场化改革的深入推进，银行追求贷款资金盈利性和安全性的取向逐渐强化，大量贷款向国有大中型企业、融资平台和房地产业集中，贷款资金过于集中以上领域导致部分资金不能参与社会价值创造。与此同时，银行对制造业企业等

领域贷款支持相对不足，贷款拉动和匹配其他社会投入资源的功能得不到充分发挥，从而影响最终产出。2014年，与融资平台相关的交通、水利、租赁和商务服务业，以及房地产业贷款占比为25.9%，高于制造业贷款占比14.2个百分点。

4. 粗放经济增长方式下投资效率不理想。长期以来，四川经济增长主要是依赖高投资拉动，最终导致投资率（全社会固定资产投资/GDP）持续攀升，投资边际产出下滑。近年来，尤其是2008年四川汶川特大地震和国际金融危机以来，该增长模式还有进一步强化的趋势。测算显示，2008年以来，全省各年投资率均超过60%，2014年达到82.6%，比2008年提高22.5个百分点，比2000年大幅提高56.7个百分点。

5. 工业化进程中资本边际效率下降。工业化是所有现代国家或地区都必须经历的一段历史进程，其实质是劳动力、资金、技术等生产要素从低级向高级、从农业向工业逐渐转移，从而引起产业结构和国民收入等产生相应变化的过程。从四川情况看，其工业化主要经历了三线建设、改革开放和西部大开发三个重要时期。根据钱纳里经济发展阶段划分法判断，2014年全省人均GDP已经达到5741美元，已经处于工业化中期向工业化后期过渡阶段。随着工业化程度的加深，生产资料工业发展会逐渐超过生活资料工业，这意味着社会资本有机构成提高，在技术条件一定的情况下，受资本边际收益递减律影响，贷款产出效率

必然呈下降趋势。

（二）抑制贷款产出效率下降的主要因素

尽管2007年以来，四川贷款产出效率呈下降趋势，但考虑到其所处的经济发展阶段、融资结构现状、对异地贷款的吸附能力，以及经济运行效率等因素，推动全省贷款产出效率出现企稳回升的动力仍然存在。具体如下：

1. 相对于所处经济发展阶段，四川贷款产出效率尚有提升空间。一般来讲，区域贷款产出效率与其经济金融发展阶段相关，不同阶段其走势不同。对全国31个省份按人均GDP分组后测算发现，2014年人均GDP低于9000美元的21个省份贷款产出效率与人均GDP之间呈正相关关系，相关系数为0.34，而人均GDP高于9000美元的10个省份二者之间的相关系数则为-0.69。以上数据表明，区域贷款产出效率与其所处的经济金融发展阶段相关，随着地区经济金融的发展，贷款产出效率会呈现上升走势，但当经济金融发展水平达到一定阶段后，受经济货币化程度加深和社会资本有机构成提高等因素影响，贷款产出效率又会出现下降态势。分组统计显示，2014年，人均GDP低于5000美元的省份贷款产出效率平均为0.66，人均GDP高于5000美元但低于9000美元的省份贷款产出效率平均达到0.91，而高于9000美元的省份贷款产出效率平均为0.78。从2014年各省份人均GDP和贷款产出效率分布图可以进一步看出，四川尚处于"倒U"曲线的左侧，相对于其所处的经

济金融发展阶段，全省贷款产出效率尚有一定提升空间。但是，根据钱纳里经济发展阶段划分法，2014 年四川已经处于工业化中期向工业化后期过渡阶段，随着全省经济社会的快速发展（2000 年以来四川人均 GDP 年均增速高达 15%），未来四川贷款产出效率提升动力会减弱。

2. 融资结构逐渐改善，直接融资比重呈上升趋势。随着金融市场体系的日益完善，社会投入资金来源渠道更加多样化。过去主要依赖银行贷款的间接融资方式逐渐改善，银行间市场和股票市场等直接融资领域地位上升，银行贷款在融资总量中的占比处于下降趋势。2014 年全省银行贷款在社会融资规模中的比重下降为 61.0%，比 2006 年低 10.9 个百分点；在全省固定资产投资资金来源中，国内贷款的比重也呈下降态势，2014 年其占比为 9.8%，比 2000 年低 16.6 个百分点。银行贷款在社会融资规模中占比下降使单位贷款能够带动的社会资金投入量有所增加，从而有利于贷款产出效率的提升。

3. 异地贷款持续净流入，扩大了实际贷款规模。随着国家西部大开发战略的实施和四川经济的持续发展，全省对异地资金的吸引力逐渐增强。统计显示，2002 年以来，全省异地贷款呈净流入状态，且净流入额逐年增加，2014 年异地贷款规模达到 2126.6 亿元，是 2002 年的 214 倍，相当于当年末全省金融机构贷款规模的 6.1%，导致全省贷款产出效率提高 0.05 个百分点。

4. 经济运行效率持续改善，促进了增加值率的提高。增加值率为 GDP 与中间投入之比，反映了国民经济各部门劳动创造价值的效率状况。随着四川企业产权改革和公司治理能力的不断改善，微观主体效益状况不断好转，全省工业企业总资产贡献率由 2000 年的 7.1% 提高到 2014 年的 13.2%。同时，作为决定增加值率高低的基础性因素的劳动生产率明显提高，由 2001 年的 11.3 万元/人提高到 2013 年的 91.8 万元/人，年均增速高达 19.1%。

三、政策建议

在经济进入"新常态"背景下，为深入实施四川"三大发展战略"，保持全省经济持续健康发展，不仅要加大金融对实体经济的支持力度，还要切实提高信贷资金的使用效率。为此，建议如下：

（一）转变经济增长方式，促进经济结构调整

转方式、调结构是提高经济运行效率和质量的根本途径，对提高贷款产出效率具有重要影响。一是促进"三驾马车"更加均衡地拉动经济增长。发挥消费的基础作用，多渠道促进城乡居民增收；优化投资和出口结构，提高投资效率，努力培育新的竞争优势。二是推动结构调整和转型升级发展。要着眼长远，不搞粗放经营，坚决压缩"两高一剩"行业发展；要始终树立"转型发展"理念，大力推动产业升级，提升产业价值链和产品附加值；要立足四川实际，从薄弱环节、比较优势、国家和地区战略

中积极发现和培育新的增长点。

（二）加强货币政策调控和引导，促进金融机构优化配置贷款资源

作为经营主体，金融机构通过扩大信贷规模实现利润最大化的意愿较强，这对贷款资金配置效率可能产生负面影响。鉴于此，一是要深刻认识货币政策更加注重松紧适度和定向调控的内涵。积极引导商业银行把握信贷投放节奏，防止信贷投放出现大起大落，保持货币信贷和流动性合理增长，力求经济增长和信贷投放处于均衡协调状态。同时，要充分运用常备借贷便利、支农、支小再贷款以及定向支持扶优计划等政策工具，加大对"三农"、小微企业、重点项目和新兴产业等领域的支持力度。二是鼓励金融机构积极拓展传统的利差盈利模式。在经济步入"新常态"背景下，金融机构要加大多元化业务经营步伐，积极开展并购贷款、资产证券化、理财等投行和中间业务。

（三）积极拓展社会融资渠道，有效扩大资金投入规模

一是直接债务融资。要继续加强政策引导和对接辅导，引导四川企业积极通过银行间市场进行直接债务融资，重点推动项目收益票据、绿色债券、并购票据、资产支持票据、含权票据、供应链票据等创新产品在四川落地和扩容。

二是直接股权融资。进一步完善企业法人治理结构，提高企业经营竞争能力，支持有条件企业通过国内主板、创业板、新三板，以及境外资本市场进行外源融资，同时积极规范发展区域股权交易市场，为企业提供方便快捷的股权融资场所。此外，鼓励省内企业域外贷款，保持异地贷款净流入。

（四）引导金融机构提高经营管理能力，优化信贷投向结构

金融机构贷款长期化、集中化趋势既是其市场化经营的合理选择，也反映出其风险管理能力和资金运用效率方面的不足。为此，一是引导金融机构积极学习借鉴国际现代商业银行先进的管理理念和方法，提高自身的资产和风险管理能力。二是引导金融机构保持贷款期限结构的合理搭配，适当控制中长期贷款占比，增加短期贷款投放，满足社会生产投入对不同期限资金的需求，提高资金周转效率。三是引导金融机构适当控制对大型企业和国有企业的授信总量，减少贷款闲置，以及对中小企业和民营企业贷款的"挤出效应"。四是引导金融机构运用资金定价手段覆盖风险，适应中小企业特点，创新抵押担保方式和信贷制度、产品等方式，增加对中小企业的信贷投入。

企业从事金融投资明显增多

中国人民银行广州分行调查统计处
中国人民银行中山市中心支行调查统计科

2015 年 4 月，人民银行中山市中心支行牵头对广东省内 15 个地市[①]146 家制造业企业的调查显示，2015 年以来，随着股市行情不断走高，企业从事金融投资[②]明显增多，股票基金投资规模迅速增长，存在企业生产性投资意愿下降，投资后资金链趋紧，以及融资后进行投资套利等现象，值得关注。

一、基本情况

（一）开展金融投资业务的企业数量和投资额明显增多

调查显示，2015 年一季度，开展各类金融投资业务的企业共有 44 家（占比 30.14%），比上季度和上年同期分别增加 9 家和 11 家；累计金融投资额为 63.86 亿元，比上季度和上年同期分别增长 16.58% 和 48.34%。

（二）申购理财或信托产品投资规模有所下降，股票或基金投资增长迅速

2015 年一季度，32 家企业（占比 21.92%）购买理财产品或信托产品，累计投资额为 36.32 亿元，投资金额同比增长 14.29%，环比下降 3.33%；21 家企业（占比 14.38%）参与股票或基金投资，累计投资额为 19.20 亿元，投资金额同比增长 148.06%，环比增长 77.78%。随着股市行情向好，企业投资股市或基金的热情迅速升温，开始对理财产品或信托产品产生分流作用，金融投资风险相应增大。

（三）金融投资收益增长较快，投资收益占利润总额的超三成

2015 年一季度，发生金融投资业务

[①] 本次调查共发放调查问卷 160 份，收回有效调查问卷 146 份，问卷回收率为 91.25%。调查范围涵盖中山、茂名、梅州、汕尾、清远、东莞、惠州、江门、阳江、河源、湛江、揭阳、云浮、佛山和肇庆等 15 个地市。

[②] 本文企业从事金融投资是指企业购买股票或基金、申购理财产品和信托产品、进行委托贷款或对外拆借以及其他。

的 44 家企业实现金融投资收益 3.91 亿元，同比增长 144.38%，增速高于同期主营业务收入增速 153.89 个百分点；金融投资收益占企业利润总额的比重达 33.79%，较 2014 年同期上升 21.79 个百分点。

二、值得关注的问题

（一）企业生产性投资意愿降低，"脱实向虚"现象有所上升

调查显示，样本企业中，2014 年利润增速同比下滑的有 29 家，上升的仅 22 家。在生产经营遭遇下滑压力和金融投资收益率不断上升的双重夹击下，企业生产性投资意愿降低，"脱实向虚"现象有所上升。样本企业中，2015 年有扩大生产投资规模计划的有 28 家，占比 19.18%；而打算从事或扩大金融投资规模计划的有 54 家，占比 36.99%。

（二）金融投资占用企业生产资金，导致企业资金链趋紧

在股市行情大好的情况下，部分企业为追求投资收益，挪用生产临时闲置资金进行金融投资，当生产真正需要资金时，由于投资期限错配，无法抽出资金，导致企业资金链趋紧。如东莞市某航天电子有限公司于 2015 年 1 月购买理财和信托产品 7.73 亿元，到期期限为 6 月末，但该公司因生产需要，临时需用资金，不得不周转才能挪出资金。调查显示，44 家发生金融投资业务的企业中，有 17 家企业（占比 38.64%）表示目前企业资金非常紧张或比较紧张。

（三）企业融资后进行投资套利行为增多，有关风险可能通过企业投资向银行机构传导

2015 年一季度，样本企业银行贷款利率基本保持在 6%~6.6% 区间内，而一季度末 A 股指数为 3747.90 点，相比年初上涨 15.87%。由于股市行情进入牛市，投资收益不断增长，企业有动力利用银行信贷资金、民间融资或其他融入资金进行投资套利。如惠州某橡胶有限公司一季度向银行借贷进行金融投资，借贷金额 4968 万元，金融投资（主要是申购银行理财产品）额 1.12 亿元。调查显示，2015 年一季度，44 家发生金融投资业务的企业中，有 20 家（占比 45.45%）向银行进行借款，银行贷款余额为 29.92 亿元。一旦企业金融投资风险扩大，相关风险很可能反向向银行机构传导。

执笔：陈　瑞　许丽宾

当前福建中小商业银行信贷投放行业政策简析

中国人民银行福州中心支行调查统计处

2015年二季度，人民银行福州中心支行结合当地实际情况，统筹安排，以召开座谈会等方式，对福建省内10家中小商业银行①近期信贷投放的行业政策开展了调查分析。

一、信贷投放行业政策特点

（一）支持类行业基本相同

从调查情况看，近期中小银行贷款行业基本集中于石油化工、医疗卫生、市政建设、旅游、物流和环保生态等领域。据不完全统计，有5家银行表示医疗卫生是上级行贷款行业导向中明确支持的行业；有3家银行明确以石油化工为重点支持行业；有4家银行表示旅游业是重点支持行业；有4家银行明确提出绿色信贷要求，要求加大对环保节能领域的支持力度；有5家银行提出城市公用事业、城市基建行业为投放重点。

（二）限制性行业进一步细化

当前中小银行更强调实质性风险控制。具体而言，目前已出现信贷风险的行业，均已明确列入限制性行业（甚至明确列入压缩类行业），主要集中在钢贸、有色金属、煤炭、水泥、船舶等领域。据不完全统计，有5家股份制全国性商业银行明确表示钢贸行业为限制性行业，与上年基本一致；有4家明确表示煤炭行业为限制性行业；有4家明确表示有色金属和非金属类行业为限制性行业；有4家明确表示船舶行业为限制性行业；有3家明确表示水泥行业为限制性行业；有3家明确表示工程机械行业为限制类行业。

（三）控制类行业大体相同

主要是"两高一剩"行业、落后产

① 10家银行具体为交通银行福建省分行、邮政储蓄银行福建省分行、中信银行福州分行、光大银行福州分行、华夏银行福州分行、浦发银行福州分行、招商银行福州分行、民生银行福州分行、福建海峡银行和平安银行福州分行。

能及产能过剩的行业，具体包括平板玻璃、电解铝、钢铁、纺织、造纸、建材和光伏等。

二、关注点

（一）更加强调风险管理

一些银行对行业组合实行指导性目标管理和指令性限额管理。前者指对某些特定行业（主要是控制类行业）信贷投放进行事先的目标规划，但不作为硬性控制标准。后者是对另外一些特定行业（主要是限制类行业）信贷投放作出信贷余额和比例限制，并通过事前控制措施将目标行业信贷余额和比例控制在限额范围之内。对列入上述两种管理的行业，商业银行总行按季度分解下达不良贷款管控目标，按月监测通报，并纳入其系统内平衡计分卡考核。

（二）部分银行已将房地产相关行业和电子信息行业列入控制类行业

受上年以来房地产市场成交相对低迷，开发商相应放缓拿地和施工力度，导致资金需求下降的影响，已有两家银行（平安银行、民生银行）将房地产业纳入控制类行业，中信银行还将与房地产密切相关的建筑安装业列入控制类行业。由于电子类产品市场存在激烈价格竞争，中信银行已将其列入控制类行业。

（三）不同银行对个别行业存在不同的信贷政策

由于各商业银行目标客户群不同，导致对个别行业的具体信贷投放政策存在很大差异，这突出表现在汽车制造业

上。浦发银行的上级行仍将其列入支持类行业，但民生银行的上级行已将其列入控制类行业。

三、相关思考

在货币政策传导机制中，商业银行是重要环节，许多措施很大程度上只有通过商业银行在信贷环节的积极传导，才能有效作用于企业和个人。中小银行信贷投放行业政策是商业银行结合国家产业政策、中央银行信贷政策导向和自身经营需要之后的现实产物，必须对其可能的影响给予高度关注。

（一）信贷投放具体政策基本符合国家宏观政策

从总体看，当前省内中小商业银行信贷投放的行业政策已做到了把握国家经济转型升级的战略性思路，基本符合产业政策和宏观调控需要。从支持类、限制性和控制类的具体行业看，民生保障、消费升级、先进制造业、重点基础设施、能源资源、生产性服务业和新型城镇化等已成为中小商业银行优先支持的领域，在信贷投放上受到限制和控制的行业也基本为系统性风险较高的行业和"两高一剩"行业。这也表明近期中央银行关于"加强信贷政策与产业政策的协调配合""加大对有市场前景的先进制造业、战略性新兴产业、现代信息技术产业和信息消费、文化产业、服务业、传统产业改造升级以及绿色环保等领域的资金支持力度"的信贷政策导向已得到较好贯彻。

（二）中小银行经营的行业风险将继续存在

各行信贷投放的支持类、限制性和控制类行业高度趋同，说明当前中小银行缺乏特色经营，存在既对一些行业共同扩大信贷投放力度，又对另一些行业同步退出的现象。这导致某些行业将来可能出现新的产能过剩，某些行业近期获得信贷支持的可能性很小。因此，个别行业近期出现的实质性信贷风险在短期内难以迅速扭转，将来又存在产生新的行业信贷风险的可能。

（三）部分中小银行采取的差异化信贷行业政策是一柄"双刃剑"

目前部分商业银行对少数行业的信贷政策存在差异化，这主要在于银行对何种产业出现产能过剩存在不同理解，同时银行自身经营方向也有差异。这属于商业银行在符合总体调控目标下的自主经营行为。差异化授信政策下，银行既可能提早规避风险或赢得先机，也有可能承担更大风险或丧失更多机遇。

（四）信贷投放行业政策应适当考虑区域产业特点

福建省确定石油化工、机械制造和电子信息为三大支柱产业，但除石油化工外，后两者都不属于各行的支持类项目，工程机械还被部分中小银行列为限制类行业，个别行还将电子设备制造业列为控制类行业。目前各行信贷投放具体政策基本由其总行根据全国整体的产业状况和政策目标制定，较少考虑地方性产业政策。近年来，福建省相继迎来"海西"、"自贸区"建设等良好的发展机遇，资金需求量相对较大。辖内各银行分支机构应积极向总部反映，争取一定的微调权限，使具体的信贷政策更适应当地实际情况，中央银行信贷政策导向也应适当关注区域差异问题。

执笔：郑　竑

三方面因素致广西异地信托贷款下降明显

中国人民银行南宁中心支行调查统计处

近年来，银信合作不断加强，异地信托贷款业务为广西实体经济发展提供了大量资金支持。但自 2014 年 8 月以来，受经济下行、监管政策以及潜在风险等因素影响，广西信托贷款呈现快速回落态势，连续 8 个月环比增速和同比增速均同时出现负增长，同时伴随逾期产品比较多、风险管控出现盲区、续建项目资金缺口加大、交叉性金融风险特征突出等问题不容忽视，亟待关注。

一、基本情况

（一）广西异地信托贷款呈现持续下降趋势

近年来，广西异地信托贷款增长迅速，异地信托贷款余额由 2010 年末的 46.02 亿元增长至 2013 年末的 998.02 亿元，年均增长 178.87%。但自 2014 年 8 月以来，受多重因素制约，广西异地信托贷款开始呈现快速回落态势，连续 8

个月同比负增长。2015 年 3 月末，广西信托贷款余额仅为 842.56 亿元，余额同比负增长 20.72%，比年初减少 96.43 亿元，同比少增 161.26 亿元。广西异地信托贷款余额占全国的比重也由 2014 年同期的 2.1%下降至 1.6%。

（二）广西异地信托贷款逾期风险特征突出

一是逾期贷款呈现高发态势。2014 年为 2010 年、2011 年后第三个信托产品逾期高发期，2014 年在广西募集资金的逾期信托产品数量为 32 只，涉及金额达 74.77 亿元，金额同比多增 47.07 亿元。二是逾期信托贷款投向政府投融资平台的占比高。在广西逾期信托产品中，信托贷款投向政府投融资平台的金额达 42.67 亿元，产品数量为 15 只，占比分别为 57%和 46.9%。三是制糖业信托贷款的逾期风险突出。近两年我国制糖业出现全行业亏损，广西作为最大的产糖区，其制糖龙头企业丰浩糖业、永凯集团陆续出现资金链断裂，永凯集团信托产品已逾期。截至 2014 年末，广西制糖企业信托贷款余额为 14.265 亿元，对此需持续关注。

二、主要原因

造成广西异地信托贷款持续下降的原因主要有以下几点

（一）宏观经济下行，企业通过信托融资的需求下降

当前宏观经济处于"三期叠加"的复杂时期，广西几大特色支柱行业如制糖业、有色金属行业、机械制造业、钢铁、水泥等行业下滑趋势明显。2014 年，异地信托机构为上述行业企业提供融资的信托产品仅 47 只，较上年减少 15 只。

（二）受监管政策影响，政府投融资平台信托贷款规模大幅压缩

受国家控制地方政府债务等政策影响，政府投融资平台融资规模增速明显回落，作为政府投融资平台重要融资渠道的信托贷款也受到影响。2014 年末，广西政府投融资平台信托贷款余额为 325.34 亿元，余额同比减少 80.12 亿元。

（三）受潜在风险影响，广西异地信托贷款提前终止产品增多

2014 年 1~12 月，广西异地信托贷款累计兑付 163 亿元，产品数量为 72 只，其中提前终止产品达 30 只，占比超四成。信托产品的提前终止可能的原因有二：一是产品存在潜在的风险，信托公司出于风控的需要而提前将其清算；二是债务人在资金压力缓解后提前偿还借款。由于广西辖内尚无法人信托机构，信托公司发放异地信托贷款面临着更大的监督困难，因此对融资企业的还款能力评估更谨慎，在广西宏观经济不景气的大背景下，提前清算的可能性更大。

三、应关注问题

（一）异地因素可能导致出现信托风险管控盲区

信托公司发放异地信托贷款时，在项目审核与跟进、风险监控与化解等方面面临着更大的困难，需要付出更多的成本，很可能出现自主管理不到位的情况。一方面，信托公司作为受托人，主要负责产品结构设计及项目设立、财产运用、清算兑付等事务性工作，而项目筛选、交易对手考察、风险评审、账户监控和事后管理更多地依赖于项目所在地银行。另一方面，在信托关系中，银行作为信托人，往往可能因无须承担实际法律责任而忽视风险管控，从而出现"两不管"的盲区。

（二）融资平台续建项目资金缺口可能扩大，导致异地信托偿债压力增大

目前，广西异地信托中有 35% 投向政府融资平台，已进入偿债高峰期。2014 年 9 月国务院发布《关于加强地方政府性债务管理的意见》（国发〔2014〕43 号），明确要求剥离融资平台公司政府融资职能，融资平台公司不得新增政府性债务。在建的基础设施和公共事业项目的续建资金缺口亟需新的融资渠道，否则可能加大异地信托贷款的逾期风险。

（三）银行参与程度较高，交叉性金融风险不容忽视

由于目前广西辖内尚无法人信托机构，广西获得的信托资金均来源于省外信托机构。广西企业获得信托贷款的过程中，广西银行业往往充当着最后投资人、委托人、项目推荐人、资产托管人等多重角色。银行通过受让信托受益权、自营投资等方式，将异地信托贷款转化为本行非标资产，成为融资企业的资金最终提供者。信托行业的潜在风险极易向银行业传染和渗透。据调查，广西13个地市出现多例因非标资产无法按期归还，转为银行贷款承接的情况，涉及金额4.47亿元。

四、政策建议

（一）建议加强对交叉性金融风险的监测分析

建议中央银行尽快制定出台复杂交叉性金融业务的风险监测与预警指引，切实加强对交叉性金融业务风险的监测分析。通过窗口指导方式，督促银行业金融机构加强对所承接的异地信托贷款的跟踪和管理，避免因信息不对称导致的交叉性金融风险。

（二）明确异地信托贷款的监管职责

目前，我国法律法规明确规定信托机构不得在异地设立分支机构，但可在异地进行产品推介。对于异地信托业务的监管，监管层至今没有作出明确的规定。2009年银监会曾草拟《关于加强信托公司异地信托业务监管的通知（征求意见稿）》，对信托公司的属地局和开展业务的异地局的监管职责进行了初步的征求意见，但至今仍没有出台正式的文件。建议尽快出台相关文件，对异地信托贷款的监管职责进行明确，以确保异地信托业务健康发展。

对银行承兑汇票占比提高问题的调研

中国人民银行太原中心支行调查统计处

银行承兑汇票集汇票的商业信用与银行信用于一体，加上本身的资金融通功能，得到越来越广泛的运用。一季度实地调研情况显示，山西省一些企业特别是生产销售型企业货款票据化结算趋增；同时，商业银行银行承兑汇票余额大幅增长。

一、银行承兑汇票的使用现状

（一）企业方面：应收票据冲高后回落，应付票据持续增长

1. 企业应收票据冲高后有所回落。自 2013 年以来，受国内外经济持续放缓的影响，众多企业经营下滑，流动资金紧张。作为上游能源原材料省份，山西省企业应收票据规模上升，回收周期有所延长。人民银行太原中心支

行企业景气调查数据显示，山西省 120 户工业企业应收票据自 2013 年初一路上涨至 2013 年 12 月的最高点 698.04 亿元，之后由于主导产品"量价齐跌"，销货款总体减少，应收票据又回落至 2015 年 3 月的 478.67 亿元（见图 1）。

调研发现，企业货款现汇比率明显下降，而承兑汇票结算占比加大，票据结算已经成为企业日常结算的常态。如山西某科技创业股份有限公司自 2012 年以来客户结算逐步以银行承兑汇票为主，公司总部 2012 年收款 79.6 亿元，承兑汇票 41 亿元，占 51.5%；2013 年收款 75.6

图 1　应收票据趋势

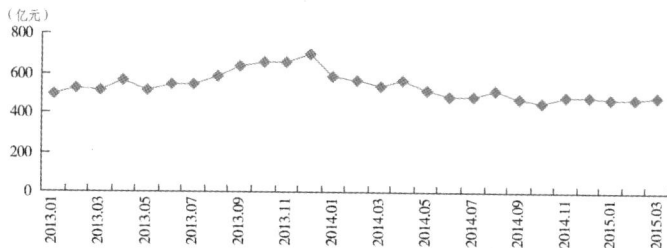

（亿元）

数据来源：中国人民银行调查统计司。

亿元，承兑汇票 53.6 亿元，占 70.9%；2014 年收款 62 亿元，承兑汇票 58.8 亿元，占 94.84%。某仪表有限公司反映 2013 年以前企业的票据占货款的 30% 左右，在 2014 年初达到 80% 左右的高点，目前由于票据到期兑付和背书，下降至 65% 左右。

2. 企业应付票据持续增长。受国家对产能过剩行业调控政策、节能环保要求提高等因素影响，山西省企业融资难度持续加大，资金紧张状况加剧。在此情况下，企业采用银行承兑汇票方式进行的短期融资增多，导致企业应付票据持续上升。人民银行太原中心支行企业景气调查数据显示，2013 年初山西省工业企业应付票据为 433.63 亿元，持续上涨至 2015 年 3 月的最高点 859.2 亿元（见图 2）。

（二）银行方面：承兑汇票余额有所增长，银行承兑垫款快速增加

1. 银行签发、贴现业务活跃。数据显示，2013 年初山西省银行承兑汇票余额为 1850.9 亿元，一路上涨至 2014 年 5 月，达到近两年的最高点 2323.1 亿元，之后小幅回落至 2015 年 3 月的 2166 亿元，总体来看是在高位平稳运行。

从行业结构看，企业签发的银行承兑汇票主要集中在制造业（36.06%）、采矿业（31.55%）、批发和零售业（21%）；从企业结构看，由大型企业签发的银行承兑汇票约占 50%，中小微型企业签发的银行承兑汇票合计约占 50%。

随着票据余额的增加，贴现及买断式转贴现交易也逐渐活跃。数据显示，2013 年初贴现及买断式转贴现额为 745.6 亿元，持续上升到 2015 年 3 月末，达到近两年来的最高点 1279 亿元，同比增幅达到 36.2%。

2. 银行垫款快速增长，汇票兑付风险可控。随着银行承兑汇票的增加，承兑垫款也快速增长。数据显示，2013 年初山西省银行承兑垫款仅有 2.85 亿元，全年都在低位运行；2014 年承兑垫款大幅增加至 11 月的 65.65 亿元，12 月由于企业年末还款加快，银行垫款有所下降，之后又快速上涨，至 2015 年 3 月，达到两年来的最高点 84.68 亿元，同比增加 61.61 亿元，涨幅达到 265%。

据调查，目前银行承兑汇票兑付风险可控。据农业银行反映，目前有承兑票据到期无法按时兑付的现象，但多数是由于票面不合规，暂时拖延几天。接受调查的晋煤集团、阳煤集

图 2　应付票据趋势

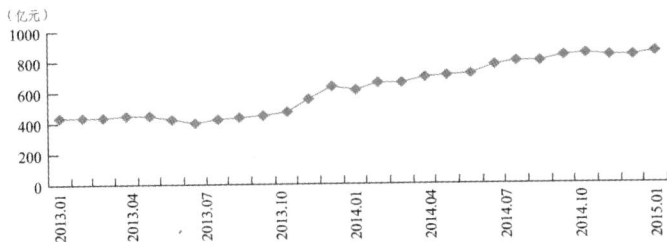

团、太航仪表有限公司等6家企业目前都能按时兑付银行承兑票据。但受银行承兑垫款持续增加、山西省企业利润大幅下滑等多方面影响，票据兑付潜在风险将进一步加大。

二、银行承兑汇票增长的原因分析

（一）可降低开票企业融资成本，且手续简便

一是利率低。银行承兑汇票作为信用支付工具，有利于开票企业降低融资成本。调查显示，目前山西省银行承兑汇票贴现利率为4.7%~4.8%，低于银行贷款（1年期基准利率5.35%）0.55~0.65个百分点，更多企业倾向于通过开具银行承兑汇票来满足支付需要。二是可以延期支付资金。银行承兑汇票最长期限为6个月，票据期限内可以进行背书转让或贴现。三是可以降低企业融资成本。企业只需缴存一定比率的保证金就可以得到票面额度。调研发现，各商业银行根据企业信用等级不同，要求交付的保证金比率不同，但剩余部分都为信用。如晋煤集团、同煤集团开具的银行承兑汇票均无保证金，仅凭信用就可；阳煤集团、太航仪表有限公司的保证金是30%，其余部分是信用；太原东山煤电集团的保证金是50%~100%。四是手续费率低。按照现行规定，银行承兑手续费按票面金额的0.5‰计收，每笔手续费不足10元的，按10元计收。五是审批条件较为宽松。由于银行承兑汇票的期限较短，同时有保证金存款，商业银行的信贷审批与贷款相比会较宽松。

（二）可增加银行资金规模，且能加强对企业的信用管理

一是促进银行的流动性管理。为企业签发银行承兑汇票要收取一定的保证金和手续费，增加了银行存款来源和中间业务收入。二是可节约银行资本金，扩大规模。中国银监会关于商业银行法定资本充足率管理的规定指出，对银行承兑的汇票进行贴现和转贴现，其风险权重为20%，低于贷款的风险权重（100%）。这样，利用汇票贴现来发放贷款，可以使商业银行获得节约资本金的好处，因而其规模得以继续扩大。三是加强银行对企业的信用管理。银行对申请开立承兑汇票业务的企业有着严格的条件，主要有承兑申请人必须在其银行开立存款账户、能提供具有法律效力的购销合同及其增值税发票原件、有足够的支付能力、有良好的信用记录和结算信誉、无贷款逾期记录、能提供相应的担保（除100%保证金外）等一系列要求，加强了银行对企业的信用管理。

三、需要关注的几个问题

（一）增加收款企业财务成本的问题值得关注

银行承兑汇票对于开票企业来讲，可以节约部分费用开支，提升资金运转效率，但对于收款企业而言却在一定程度上增加了企业财务成本，特别是对于上游生产型企业，相对于现汇业务而言，企业财务负担加重。调查显示，涉及银

行承兑汇票的主要成本包括手续费（费率为票面金额的0.3‰~0.5‰）、敞口承诺费（票面金额与保证金差额的2‰~5‰）、工本费（每笔几元）、查询费（每次十几元）以及贴现利息（票面金额的4.7%~4.8%）等，各项费用合计占到票面金额的5.4%左右，其中包括贴现利息在内的大部分费用由收款企业负担，导致收款企业财务成本增加。

（二）承兑汇票风险进一步加大的问题值得关注

1. 道德风险。道德风险是商业银行的少数员工利用银行内部管理制度的不严密性，违规签发银行承兑汇票，或不法分子伪造出票人或背书人签章，伪造交易合同和发票，骗取银行承兑汇票和资金，从而给银行造成的风险。

2. 欺诈风险。欺诈风险是不法分子通过伪造、变造银行承兑汇票票面要素等非法手段骗取银行资金所形成的风险。一般有如下三种诈骗手段：一是伪造、变造银行承兑汇票，或通过高科技手段直接变造银行承兑汇票的金额；二是票据调包，即用事先伪造好的假票据替换真票据；三是伪造商品合同、增值税发票的复印件，骗取银行承兑汇票，套取银行资金。

3. 操作风险。操作风险主要是指票据经办人员将背书有误的票据予以贴现从而形成的风险。如某科创公司反映，2011年9月公司收到客户背书转让151万元承兑汇票一张，收票时发查询没有问题，2012年2月公司到期委托收款后，被付款行告知票据于到期前被法院做除权判决，票据已作废。当时该汇票保证金因其他原因被公安部门冻结，款未支付，公司及时通过法律程序历时9个月才收到票据款。从这件事后公司被迫对库存汇票每隔50天左右发一次查询，发现被公示催告现象及时申报权利，到目前已办理5次权利申报，最近的地方是焦作，最远到武威。

4. 信用风险。信用风险主要表现为企业经营情况不佳和企业资信等级差，到期不能兑付从而形成银行垫付的风险。据某科创公司反映，公司持有一张客户正常背书转让3月28日到期的50万元承兑汇票，委托收款后，被付款行告知因收款人签章伪造被收款人所在地人民法院冻结。公司到当地法院了解情况，法院称它们冻结的是保证金，不影响善意第三人到期收款。到银行问，银行答复说虽然按《票据法》不影响承兑，但银行风险管理部门已知票据存在瑕疵，不让解付，目前尚未解决。

企业票据结算占比增加

中国人民银行哈尔滨中心支行调查统计处

据部分监测企业反映，目前由于企业结算货款票据占比较大，企业资金链趋紧。据此，中国人民银行哈尔滨中心支行对该情况进行了调查走访，结果显示，2012年以来，大部分工业企业，特别是老工业基地制造业企业，以银行承兑汇票结算货款的比例大幅上升，导致上下游企业资金链紧张，实体经济资金循环不畅。

一、基本情况

（一）大型制造企业在结算货款时使用票据结算占比增加

2012年以来，受经济下行压力加大、部分行业产能过剩等多重因素影响，市场需求持续疲软，生产经营弱势运行，大部分工业企业特别是生产制造企业资金状况偏紧，部分大型龙头企业开始减少预付货款比例，拖延货款支付，导致资金紧张问题从产业链的下游向上游延伸。调研的20户工业企业中，有半数企业票据付款方式已超过结算货款总量

的60%。

（二）未到期票据进行贴现融资的情况明显增加

未到期的银行承兑汇票，在企业需要用货币资金进行支付时，可以到银行进行票据贴现，换取流动资金。最近半年来，由于企业票据结算占比较大，导致资金周转困难，到银行进行票据贴现的情况明显增多。数据显示，截至2015年3月末，全省金融机构贷款余额为14827.4亿元，比年初增加1023.4亿元，其中，票据融资增加196.9亿元，占全省非金融企业及机关团体贷款信贷增量的比重达22.5%。全省银行票据融资余额从2014年9月末的388.6亿元增加至2015年3月末的747.5亿元，半年间翻了近1倍，同比增速也呈持续扩大趋势。

（三）应收账款占比逐年增加是企业采用票据结算的一个主要因素

由于产品销售增长乏力，经营利润持续下滑，企业拖延货款支付，应收账款占比逐年提高。而大型企业凭借在交易中议价能力较强的优势，不断加大票

据付款比例，加剧了产业链上下游企业资金紧张。工业景气监测财务数据分析显示，黑龙江省 140 户工业企业的应收货款与年销售比率从 2010 年 3 月末的 11.67% 增长至 2015 年 3 月末的 23.6%，应收账款周转天数则从 41.27 天增加至 83.21 天。

二、负面影响

（一）占用企业流动资金

货款回笼中银行承兑汇票占比越来越大，占用企业大量流动性资金。如某医药集团有限公司，其银行承兑汇票结算的回款占总货款的比例超过 80%，占用了企业大量的流动资金，使企业不得不进行票据贴现，缓解资金紧张的局面。

（二）增加企业的交易成本

使用银行承兑汇票进行商品交易，出票方要在银行留存相当数额的保证金存款，在承兑环节，银行往往还要审查与票据相关的真实交易背景，因此结算程序比较复杂，增加了企业的交易成本。

（三）加大企业财务负担

企业持有未到期的银行承兑汇票，在企业遇到流动资金紧张时可通过票据的贴现、再贴现，缓解资金紧张状况。但是，如果大量持有票据，在企业遇到资金周转困难时，对票据进行贴现将增加企业资金成本，影响企业正常生产经营。另外，在调查走访时我们了解到，在企业财务人员办理票据业务过程中，付款银行有时以印鉴加盖不清或不全、被背书人书写不规范等理由拒付票款，虽然多数情况下通过财务部门的诸多努力票款最终得以承兑，但影响了企业的资金周转，并造成企业货币资金时间价值的损失。

（四）容易引发新的"三角债"问题

银行承兑汇票虽然在到期时会由银行无条件解付，但如果票面有瑕疵或缺少必要的说明，且已经过多手背书转让较难追索更正，银行可以拒绝兑付。当经济环境不景气时，上下游企业资金都很紧张，未来被银行拒付的汇票，实质上将形成企业间不良账款的转移，形成新的"三角债"问题，使企业陷入严重的财务危机，对整体经济金融运行带来极大的危害。

三门峡市民间融资现状分析

中国人民银行三门峡市中心支行调查统计科

随着民间资本市场的发展，民间借贷的社会公众参与面、资金规模以及借贷利率都达到了空前高位，其中的风险、违规操作及经济纠纷隐患等问题严重，民间融资的消极影响逐步显现。

中国人民银行三门峡市中心支行以全市的所有企业名录为抽样框，对三门峡辖区企业随机发放了45份调查问卷，对三门峡地区2014年全年的民间融资情况进行了调查，分析了当地民间融资供需状况、利率等基本情况。

一、民间融资的规模及利率

调查显示，调查样本企业2014年民间借贷的平均发生额为39.34万元。通过样本企业占全部企业户数的比例进行加权推算，得到三门峡市2014年企业民间借贷的累计发生额为125890万元，其中82.4%的民间借贷用于生产经营，17.6%的民间借贷用于投资。采用信用借贷方式的金额占到53%，采用抵押、担保、质押方式的占到47%（见表1）。

表1　2014年三门峡市企业民间融资现状　　　　　（单位：家、万元）

项目	民间借贷总计	借贷方式		用途	
		信用借贷	抵押、担保、质押	生产经营	投资
样本发生笔数	91	55	36	75	16
样本发生金额	3580	1900	1680	2980	600
样本平均发生金额	39.34	34.55	46.67	39.73	37.50
民间借贷规模推算	125890	66822	59068	103736	22154

注：本市规模以下企业有1600家。

数据来源：人民银行三门峡市中心支行。

二、民间融资主要特点

（一）民间融资的主要形式是高利借贷

三门峡市民间融资的主要形式是高利借贷，主要是满足个体户、民营企业的生产周转需要。借贷期限长短不一，利率一般参照同期金融机构的贷款利率水平及季节、地区、资金供求状况浮动。

调查显示，三门峡市灵宝、义马、渑池、陕县、卢氏、义马6个县（市）的利率一般为月息10‰~20‰。如河南某酒业有限公司以借条形式向亲戚朋友等借入，借款期限为12个月以上，借贷利率为15‰，按年支付利息。该企业反映，其民间融入资金主要用于扩大生产。在经济较为发达的灵宝市，民间借贷月息为10‰~25‰；三门峡市渑池县铝矾土、原煤矿产资源丰富，铝矿和煤矿较多，一些在矿山上积累了资本的个人将资金投向了民间借贷市场，以较高的利率放出去。

此外，随着制造行业竞争加剧，部分早年干实业的企业家转向资金生意，投身于投资类公司、典当行、担保公司等，近年来做高利率资金生意的数量明显增加。据经营实体企业的人反映，目前，做实业利润普遍较低，从事民间借贷年利润最低已达到24%以上。高利借贷分为两种渠道：一种是个人通过小圈子私下借贷；另一种是通过典当行、投资担保公司开办的民间借贷机构借贷，实际上也就是地下钱庄。还有企业内部集资，即在资金周转不开且企业从银行贷款无门时，通过内部职工以利率相当或高于同期贷款利率集资。如义马市某矿山机械设备修造有限公司民间融资金额为431万元，主要用于企业资金周转，来源渠道为股东和内部职工，期限为12个月以上，利率为月息18‰。

（二）需要民间融资的企业以中小企业为主

调查显示，在28家销售收入在1000万元以下的企业中，对民间资本非常需要的比例为57.89%，而在17家销售收入在1000万元以上的企业中，对民间资本非常需要的企业占比为23.53%（见

表2　销售收入与对民间资本需求程度的列联表

		需求程度				合计
		非常需要	需要	不需要	不知道	
销售收入	500万元以下	11	7	0	1	19
	500万~1000万元	1	5	2	1	9
	1000万~5000万元	3	5	3	0	11
	5000万元以上	1	1	3	1	6
合计		16	18	8	3	45

数据来源：人民银行三门峡市中心支行。

表2），这在一定程度上也说明了规模较小的企业在生产经营性资金无法通过正规金融满足时，只能靠民间资本来解决。为验证这一观点，我们做了双侧检验，在相关性检验中，P 值均小于 0.05 的显著性水平，拒绝原假设，这表明企业对民间资本需求程度与其规模存在着显著的相关性关系。

困扰中小微企业的贷款难问题一直存在，金融机构以自身效益为导向，将大量的信贷资金投向大型企业、支柱产业、优质的低风险客户。而随着全球经济金融环境的不景气，中国经济增速放缓，中小微企业的经营和贷款难度进一步增加。以三门峡市渑池县为例，渑池县的中小微企业获得金融机构贷款的只有 42 家，覆盖率不足 5%，对中小微企业的有效贷款需求满足率不足 10%，该类企业为了生存和发展，只有通过民间借贷融通资金，这主要是由中小微企业融资需求的特点决定的。

（三）不同行业对民间融资利率水平的接受程度不同

调查发现，有 65.4% 的企业认为当前民间融资的利率已经高到了企业难以承受的程度，而且不同行业对于民间融资利率的承受程度也各不相同，制造业企业对民间融资较高融资成本的承受能力显然要小于房地产业和采矿业（见表3）。如灵宝 A 铅冶炼企业因血铅事件受到央视《新闻调查》栏目曝光，项目环评执行"区域限批"制裁政策，金融机构贷款营销介入难。在此背景下，该企业为满足战略发展所需，只得向员工内部集资 2000 万元来解决燃眉之急，集资月利率为 30‰。

三、规范民间融资的建议

（一）对民间借贷进行立法和监管

民间借贷的性质决定了其不易受政府监管体制的制约，并会引发许多负面

表3 不同行业企业对于民间融资利率的接受程度

		利率承受			合计
		能接受	不能接受	不知道	
从事行业	农林牧渔业	2	4	0	6
	采矿业	3	6	0	9
	制造业	2	9	1	12
	建筑业	1	3	0	4
	批发和零售业	1	2	0	3
	住宿和餐饮业	3	2	0	5
	房地产业	3	1	0	4
	其他	0	2	0	2
合计		15	29	1	45

数据来源：人民银行三门峡市中心支行。

41

的问题，因此首先就要通过立法承认民间借贷的合法性，对部分民间借贷行为进行立法，并加强监督管理，规范民间借贷的发展。将民间借贷组织纳入到监管框架内，并根据其运作模式和特点有针对性地实施监管，防范金融风险的发生，引导它们逐步转化为正规金融，并鼓励其由低级形式向高级形式转变。

(二) 为民间借贷的发展提供更广阔的空间

金融制度设计和经济发展的一个重要问题就是怎样更好地利用民间储蓄，为经济增长提供资金支持。纵观金融体系的发展历史，民间借贷曾经是融资唯一的渠道，但伴随着金融机构的出现以及现代化金融市场的发展，一部分民间借贷自发性地或强制性地逐步转化为正规金融，而且正规金融在当代已经成为经济发展的重要支撑。但民间借贷并没有随之消失，而是作为正规金融的有益补充而存在，构成了整个金融体系中的一个层次。高级形态的民间借贷在发展中有向正规金融转化的需求，因而我国应通过法律引导成熟的民间借贷形式转化为正规金融组织。

(三) 加快利率市场化进程，建立中小微企业担保体系，分散民间融资渠道

通过利率市场化，金融机构根据资金市场供求状况合理确定存贷款定价，吸引更多资金以减少民间游资，加大其对中小微企业的支持力度。同时，要建立健全中小微企业的担保体系，对民间融资渠道进行分散。民间借贷利率定价过高很大一部分原因是中小微企业出现融资梗阻时无法得到银行贷款支持，只好依靠民间借贷这条渠道，而无法得到银行贷款支持的主要原因是缺乏充足而有效的担保。中小微企业信用担保体系的建立，将为中小微企业从银行融资开辟一条服务通道，从一定程度上可以防止民间借贷泛滥、借贷利率过高的问题。

(四) 建立银行业与民间借贷组织及自然法人合作的长效机制

银行业应该充分发挥平台优势，一方面，民间借贷机构转存金融机构的资金按同业存款利率计息；另一方面，要发挥民间借贷组织的担保功能，与银行业建立融资担保机制，为民间借贷者提供担保并收取一定的担保费用，银行业可以通过这种方式降低交易风险。同时，银行业应拓展个人委托贷款业务，在开展此项业务时，银行收取一定的委托业务手续费，不承担贷款的风险，而且可以作为一种个人理财的渠道，促进银行与自然法人、中小微企业实现有机对接。这样既发挥了民间借贷的功能，拓展了银行的资金来源渠道，也提高了金融资产的质量。

执笔：赵春燕 乔建祥 马煜皓

牛市行情下台州上市公司资金进入实业情况调查

中国人民银行台州市中心支行调查统计科

本文以台州 33 家上市公司为例，对 2014 年至 2015 年 3 月间上市公司在资本市场融入资金的用途进行了专题调查分析，结果表明，台州上市公司募集资金有 83.61% 流入实业，较好地支持了企业的转型升级和经营发展；受融资期限与投资期限不匹配影响，上市公司购买理财产品现象较普遍，但金额小、期限短，仅个别企业存在过度融资、投资盲目现象。

一、上市公司的运行特征与趋势

（一）上市公司为区域龙头企业，从行业看，制造业占绝对多数

截至 3 月末，全市共有上市公司 33 家，其中 6 家在上海主板上市、1 家在深圳主板上市、22 家在深圳中小板上市、2 家在深圳创业板上市、2 家在香港上市，实现了在境内和境外、主板和创业板的多市场覆盖。从所属行业看，32 家上市公司从事制造业，占比为 97%，涵盖了医药化工、汽摩配、塑料制品、缝制设备、家用电器等台州主导行业，仅腾达建设股份有限公司 1 家从事建筑业。整体来看，台州的上市公司基本都是制造业和当地主导行业中的龙头企业。

（二）企业经营状况良好，业务发展稳健

在国内外形势不佳的状况下，企业上市后品牌效应更加突出，给企业开拓市场奠定了良好的基础。截至 2014 年末，全市 33 家上市公司的销售收入为 771.95 亿元，比上年同期增长了 10.1%，高于全市规模以上企业 6.6 个百分点；实现利润 181.16 亿元，同比增长 16.1%，高于全市规模以上企业 12.1 个百分点。

（三）资金使用较为规范，以具体项目投资为主

从 2014 年至 2015 年 3 月末已获得融资的 16 家上市公司的公告来看，企业的募集资金使用较为合理，其中用于具

体项目投资的金额为202.68亿元，占比为83.61%；补充企业流动性的资金为32.69亿元，占比为13.49%；偿还银行贷款的资金为5.95亿元，占比为2.45%。仅浙江××股份有限公司受市场需求萎缩影响，项目一期投资完成后二期投资进展缓慢，1.08亿元的资金暂时闲置（见表）。

（四）融资结构大幅改善，融资成本明显降低

随着企业进行IPO、配股和增发，企业的资产负债率大幅降低，目前33家上市公司的资产负债率都在35%以下，远低于全市规模以上企业60.68%的水平。在融资结构上，多数企业在上市融资后银行贷款大幅减少，有2家上市公司的银行贷款甚至降为零。在融资成本上，由于上市融资成本要远低于银行贷款利率，同时企业上市后，资产结构大幅改善，成为当地金融机构的营销对象，贷款利率都是基准利率或有所下浮。如××科技股份有限公司由于自有资金充足，在银行的授信使用率仅为57%，且低成本的贸易融资占到50%，加之其利用远期锁汇等金融衍生品，2014年公司反而盈利48万元。

（五）企业对外并购、转型升级和投资意愿强烈，融资需求旺盛

截至3月末，台州市工业性投资为104.88亿元，同比仅增长2.5%，增速比上年同期和上年末分别下降了25.8个和17.5个百分点，为2102年5月以来的新低。但从上市公司的调查情况看，企业的转型升级意愿较为强烈，投资力度相对较大，2014年全市共有11家公司从资本市场募集资金88.78亿元，2015年有13家公司募集资金153.62亿元（含计划融资），增长幅度达到73.03%。如浙江××科技股份有限公司多是靠自身积累和银行贷款来发展，资金难以满足企业快速发展需要。2015年公司募集11.9亿元资金收购深圳市××投资发展有限公司，进入高精密结构件领域，使公司实现在智能消费电子部件领域的一体化发展战略，成为智能消费电子部件一站式解决方案供应商。

二、投融资存在的问题

（一）委托理财现象普遍但金额小、期限短，仅个别企业资金长期闲置

由于受投资项目进度影响，企业前期募集的资金无法及时使用会导致资金暂时闲置，为提高资金使用效率，上市公司会用暂时闲置的资金购买银行短期理财产品。从企业数量上看，2014年1月至2015年3月间，全市33家上市公

表 2014年1月至2015年3月获得融资的16家上市公司募集资金用途表

（单位：万元、%）

用途	项目资金	补充流动性	偿还银行贷款	暂时闲置	合计
金额	202.68	32.69	5.95	1.08	242.4
占比	83.61	13.49	2.45	0.45	100

司中有 15 家购买了短期理财产品，占比为 45.45%；同期在进行了股权融资的 16 家企业中，有 9 家公司购买了理财产品，占比为 56.25%，覆盖面在一半左右。从金额上看，9 家上市公司共计购买金额为 14.3 亿元，占其全部融资余额的 5.9%，占比较低。从理财产品期限上看，购买的理财产品期限多为 1~3 个月，期限较短。综合来看，台州上市公司融资后进行短期理财现象较为普遍，但金额比重不大，期限较短。但是，个别企业存在长期使用大量资金购买银行理财产品现象。如浙江xx股份有限公司从上市后第二年便开始大规模地开展证券投资（2014 年股票账户余额最高时达 3.15 亿元，年末为 1.54 亿元），并进行委托贷款等投资。

（二）部分企业融资金额超过实际需求，存在过度融资现象

投资需求与融资手段是一种辩证的关系，只有投资的必要性和融资的可能性相结合，才能产生较好的投资效果。然而，目前很多上市公司把能筹集到尽可能多的资金作为选择再融资方式及制订发行方案的重要目标，其融资金额往往超过实际资金需求，致使企业出现过度融资，从而造成了募集资金使用效率低下及其他一些问题。如浙江xx电器股份有限公司 2014 年通过 IPO 从股票市场募集资金 5.8 亿元，其中仅 1.12 亿元用于投资轨道交通连接器建设项目、高速动车连接器建设项目，大部分资金主要用于增资子公司、补充流动性和偿还银行贷款。企业的总资产周转率、总资产报酬率、净资产收益率等自上市后不断下降，甚至不如行业平均值。

（三）部分企业资金投向偏离主业，投资项目具有盲目性

虽然台州上市公司募集资金整体投向较合理，未出现频繁更改募集资金投向的问题，但由于上市公司的再融资渠道通畅，其操作的弹性较大，因此在项目投资上具有一定的盲目性和不确定性，可能由于主业遭遇增长提高瓶颈而盲目投资他业，进而因投资项目不理想而使公司陷入困境。如xx资源股份有限公司在主业缝纫机行业受市场需求下降影响后，开始投资深圳市xx金融控股有限公司和贵州xx能源有限公司，前者属于金融业务，后者则开展煤炭投资，所投公司受行业形势影响经济效益不佳，从 2014 年 9 月开始进入重大资产重组阶段。

执笔：潘忠兵　虞永华

关于县域法人金融机构新增存款用于当地贷款政策实施中存在问题与建议
——以辽宁省朝阳市为例

中国人民银行朝阳市中心支行

2010 年 9 月，人民银行、银监会联合下发了《关于鼓励县域法人金融机构将新增存款一定比例用于当地贷款的考核办法（试行）》（以下简称《考核办法》），并于当年在全国 20 个省（市）实行。《考核办法》的实施有效改善了农村金融服务，但在工作中还存在一些值得进一步完善的方面。

一、《考核办法》存在的主要问题

（一）考核对象有待扩充

一是县域金融机构总数少，且只对法人机构考核。以朝阳市为例，喀左县金融机构最少，共有 5 家县级机构，但现只对 1 家法人机构（农村信用社）进行考核，考核面为 20%。凌源市共有 8 家县级金融机构，但也只有 2 家机构参与考核，考核面为 25%。二是考核机构

为小型金融机构，不是县域存款外流的主体。2014 年，朝阳市县域（不含朝阳县）新增各项存款为 54.5 亿元，新增各项贷款为 27.1 亿元，新增存贷差为 27.4 亿元。被考核的金融机构（不含朝阳县金融机构）新增各项存款占县域新增各项存款的 37.1%，新增各项贷款占县域新增各项贷款的 46.1%。

（二）考核标准有待细化

主要表现在三个方面：一是《考核办法》第九条规定"县域法人金融机构'当地贷款'，指贷放给县域各类经济主体并使用于当地的贷款"。现行金融统计方法没有将发放给县域外贷款区分出来，实际上虚增部分当地贷款。截至2014 年末，朝阳市 5 家农村信用社域外贷款占各类贷款的 44.3%。二是《考核办法》第五条规定"县域法人金融机构中可贷资金与当地贷款同时增加且年度新

增当地贷款占年度新增可贷资金比例大于70%（含）的，或可贷资金减少而当地贷款增加的，考核为达标县域法人金融机构"。而随着农民收入水平提高、大量农民工进城、农业设施贷款逐渐饱和，农村贷款需求逐渐下降，农村信用社出现了"难贷款"现象。某市农村信用社2014年度新增当地贷款占年度新增可贷资金的比例为59%，考核没有达标。三是《考核办法》第十二条规定"本办法所称存款、贷款均为人民币存款、人民币贷款；贷款包括扣除转贴现后的各项贷款"。实际上，随着县域地区外向型经济快速发展，外币贷款也在增加，只考核人民币存贷款指标，而外币存贷款不列入考核范围，内容将不完整。

（三）激励政策效果不明显

虽然《考核办法》第三章规定了人民银行、银监部门和地方政府给予达标县域法人金融机构激励政策，但从执行实际情况看，效果并不明显且金融机构积极性不高。2014年朝阳市8家金融机构参与了考核，虽然大部分机构考核达标，但只有2家金融机构享受了存款准备金率按低于同类金融机构正常标准1个百分点执行，主要是由于县域法人机构考核和票据兑付后续监测考核联合执行，即使县域法人机构考核达标，票据兑付后续监测考核不达标也不能增加再贷款限额。此外，获得支农再贷款限额的条件比普通支农再贷款条件更严格，所以金融机构不愿申请此类再贷款。人民银行和银监会鼓励地方政府出台激励政策，但对地方政府没有约束力。

二、完善《考核办法》建议

（一）扩大考核机构范围

建议考核范围由原来的县域法人机构扩大至县域所有县级金融机构。引导县域金融机构积极开展贷款营销，在保证贷款安全的前提下，适度加大对当地经济支持力度，更好地支持县域经济发展。

（二）进一步细化考核标准

一是增加统计科目。建议在采集金融统计数据时，参照原有"各项贷款=境内贷款+境外贷款"方式增加主报科目或单独增加"附：域外贷款"科目，来反映域外贷款余额。这样既能反映金融机构对当地经济支持情况，也能反映金融机构资金外流情况，为科学决策提供数据支持。二是细化考核比例。分两种情况进行考核：一种情况是对于发放域外贷款金融机构仍然执行原标准；另一种情况是对于没有发放域外贷款金融机构，由于当地经济不景气、贷款需求下降，但符合贷款条件的客户基本能得到信贷支持，建议考核标准适当降低。换句话说，可贷资金与当地贷款同时增加且年度新增当地贷款占年度新增可贷资金的比例大于50%（含）的，或可贷资金减少而当地贷款增加的，考核为达标县域法人金融机构。三是将《考核办法》所称存款、贷款口径修改为本外币口径，更能全面地反映金融机构对当地经济支持情况。

执笔：陈永富

平顶山企业贷款面临的形势

中国人民银行平顶山市中心支行调查统计科

目前，平顶山经济下行压力不断加大，企业贷款面临前所未有的困难，不能按时归还银行贷款利息现象明显增多，到期贷款续贷出现困难，资金链断裂风险加剧，融资难、融资贵日益突出，已经成为经济社会发展的突出问题，必须引起高度重视并认真研究解决。

当前平顶山企业贷款面临以下严峻形势：

1. 企业资金周转放缓，增加了企业按时还款压力。受宏观经济形势影响，企业经营异常困难，企业存货资金占比和应收账款增加，票据替代现金支付量增加，导致企业现金流减少，资金周转放缓，直接影响了企业偿债能力。抽样调查显示，2015年3月末，平顶山市企业存货资金占比和应收账款占比均比上年同期有较大提高，尤其是应收账款大幅增加，高者同比增长32.7%。同时，货款回笼"票据化"严重，通过对平顶山个别企业调查发现，通过票据替代现金支付达60%，甚至高达75%以上。

2. 维系企业生存的银行借款占比高，生产过剩行业企业贷款占用过高挤压了小微企业的有效需求。企业资金来源主要是银行贷款和民间借贷。抽样调查显示，68.6%的企业以银行贷款为主，15.3%的企业通过民间借贷形式筹措资金。据统计，2015年3月末平顶山市企业贷款中大中型企业贷款余额为617.7亿元，占企业贷款总量的62%；小微企业贷款余额为379.4亿元，占全部企业贷款的38%。另对四家大型商业银行统计发现，煤炭、钢铁和水泥等产能过剩行业贷款余额达166.12亿元，占四家大型商业银行企业贷款总量的37.9%。大中型企业贷款挤压了小微企业的贷款在银行中的份额。

3. 企业融资和负债率过高制约企业可持续发展。2014年以来，企业融资成本不断提高，尤其是小微企业融资成本普遍高于大中型企业，主要是由于利率上浮较多，附加票据贴现和保证金等隐性成本高，抵押物评估费、担保费、财务审计费和公证费等中介费用支出高，加之高额的过桥资金费用更是令企业苦不堪言。抽样调查显示，企业综合融资成本在 10%~15% 者占 64%。同时，企业负债率高也是制约企业持续发展的重要瓶颈，抽样调查的企业负债率为 50% 左右（为满足银行贷款条件压缩后的指标），实际上大部分企业高达 90% 以上，且 73% 的调查者比上年同期有所提高。

4. 企业贷款期限错配增加了企业转贷压力。在贷款相对紧张的地市级及以下区域，银行业金融机构普遍缩短了贷款期限，大多确定在 1 年内。在企业经营困难的今天，转贷面临极大压力。数据表明，2014 年末，平顶山市金融机构人民币短期经营贷款余额为 521.67 亿元，全年增加 112.13 亿元，分别占各项贷款总量和增量的 41.99% 和 61.17%，而中长期经营贷款余额为 126.14 亿元，全年减少 9.82 亿元，分别占各项贷款总量和增量的 10.15% 和 –5.40%。

5. 为企业贷款提供担保等增信措施不够，企业有效抵押缺失等问题制约银行贷款投放。目前，与银行合作的担保公司较少，资本金较小，放大倍数有限。市区仅有 4 家，资本金为 3.25 亿元，放大倍数最高为 10 倍，平均在 4~6 倍；辖内 6 个县（市）各有 1 家担保公司，资本金更少，平均在 4000 万元左右，放大倍数在 5 倍左右，很难满足银行对企业贷款的担保需求。同时，由政府财政出资设立的各类扶持企业发展的专项基金较少，为企业提供增信有限。另外，小微企业受缺失银行贷款所需的有效抵押物，或是财务状况达不到银行贷款标准等因素制约，贷款需求大而有效满足度不高。

6. 企业盲目扩张，银行压贷、抽贷造成企业步入困境。从现实情况看，造成目前的困境，既有企业自身因素，也有银行的因素。企业方面，发展目标不明，不管自身有没有经营能力和资金实力，靠银行贷款或是民间借款盲目跨行业扩张，形成"大"而不"优"、"全"而不"专"的集团公司，导致企业过量融资、负债超重，各种拖累导致企业举步维艰，最终拖垮了原先不错的公司。银行方面，社会责任意识不强，不愿雪中送炭，专做锦上添花的事情，好企业一哄而上，争相营销，形成资金累积，如遇风吹草动，竞相抽贷，给企业资金周转带来巨大障碍。同时，在为企业办理贷款过程中，要求企业缴存一定比例（50% 甚至 100%）的保证金存款，导致企业仅使用部分贷款却要支付全额利息，或是采用"现金+票据"贷款组合形式，或是提前收取财务顾问费，等等。

7. 银行业金融机构贷款借新还旧执行动作缓慢。尽管国务院和银监会在缓解小微企业融资贵问题上提出了贷款借新还旧政策，但是对平顶山辖内金融机构的调查发现，仅有为数不多的个别银行业金融机构开展了贷款借新还旧业务，而且笔数少、金额小。

执笔：孙志军　冯仲坡

陕西省装备制造业继续低位运行
——2015年一季度陕西省装备制造业景气指数报告

中国人民银行西安分行调查统计处

人民银行西安分行编制的陕西省装备制造业景气指数显示，2015年一季度，受市场需求低迷影响，陕西省装备制造业一致指数呈现震荡下滑趋势，构成一致指数的三个指标变动状况短期内仍不乐观。同时，先行指数在一季度也较上年末有所下降，预计2015年三季度前陕西省装备制造业经营仍将低位运行。但随着支持实体经济复苏的各项政策效应凸显，先行指数有望在2015年二三季度趋于好转，预计陕西省装备制造业景气指数在2015年四季度或将逐渐趋于上升。

一、陕西省装备制造业一致指数震荡下降，支撑行业景气上行动力尚未确立

2015年3月，陕西省装备制造业景气指数中，一致指数为107.46，较2014年12月末下降0.36个百分点（见图），较2014年9月末下降0.09个百分点。通过一致指数变动趋势可以看出，陕西省装备制造业自2010年6月进入景气衰退期后，行业景气总体一直呈下行趋势。虽然一致指数在2012年下半年和2014年上半年均有过连续两个季度的回升，但触底回升趋势尚未稳固又继续震荡下行，可见支撑行业景气上行动力仍未确立，行业景气继续呈低迷震荡态势。

从一季度一致指数三个构成指标的变动趋势看，除应付账款同比增速延续上季度上升趋势继续对一致指数形成推升作用外，工业总产值、管理费用两项指标的同比增速拖累了一致指数的回升。如表所示，2015年1~3月，人民银行西安分行监测的陕西省装备制造业样本企业工业总产值同比下降6.8%，降幅较2014年全年扩大1.64个百分点；管理费用同比下降2.84%，增速低于2014年全年3.08个百分点。2015年3月末，样本企业应付账款同比增长7.28%，增速高于2014年12月末7.45个百分点。

2015 年一季度，国内外经济下行压力仍日趋凸显，市场需求仍旧低迷，装备制造企业整体生产经营效益呈现继续下滑态势。装备制造业中，除大部分国有军工企业受近几年我国对舰船、飞机等现代化武器装备需求大量增加等因素影响，整体经营效益逆势有所上升外，其他民品业务占比较高的装备制造企业则受当前经济放缓等不利因素影响较大，订单不断下降。2015 年 1~3 月，装备制造业样本企业主营业务收入为 221.13 亿元，同比下降 5.27%，降幅较 2014 年全年扩大 3.37 个百分点。同时，企业生产动力下降，行业总体开工率持续低位，大多维持在 45%~70%，库存也处于较低水平。2015 年 3 月末，样本企业产成品余额为 111.55 亿元，同比增长 3.11%，增速分别较 2014 年 12 月末和 9 月末下降 1.63 个和 8.86 个百分点。企业管理费用增速继续下滑主要也源自销售收入的下降。而企业应付账款增速明显上升，虽对一致指数上升形成正向推升作用，但调查中

图　陕西省装备制造业景气指数趋势

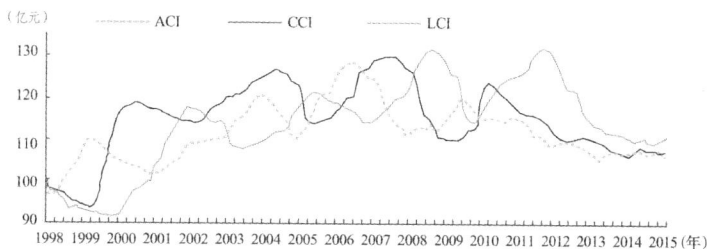

注：ACI 为先行指数，CCI 为一致指数，LCI 为滞后指数。

了解到，当前应付账款上升并非源自企业采购上升，而主要是因为企业资金紧张，从而对上游资金拖欠加剧。2015 年一季度，样本企业货币资金余额为 239.6 亿元，同比下降 8.22%，增速分别较 2014 年 12 月末和 9 月末下降 0.65 个和 10.66 个百分点。对构成一致指数的三个指标变动趋势的具体分析表明，当前装备制造业一致指标变动情况均不乐观，行业景气度当前仍处继续低位运行阶段。

二、陕西省装备制造业先行指数低位震荡

2015 年 3 月，陕西省装备制造业先行指数为 106.55，较 2014 年 12 月下降 0.99 个百分点，较 2014 年 9 月下降 0.08

表　陕西省装备制造业一致指数各景气指标变动情况　（单位：%）

指标类型	指标名称	增速		
		2014 年 9 月	2014 年 12 月	2015 年 3 月
一致指数	工业总产值	−7.32	−5.16	−6.80
	管理费用	0.35	0.24	−2.84
	应付账款	−3.81	−0.17	7.28

个百分点。先行指数在 2014 年经历了上半年连续上升、下半年先降后升的过程，且指标 1 年以来一直处在本轮行业景气衰退期的较低水平。一致指数在 2014 年四季度上升后，2015 年一季度再度转为下降，再次印证了先行指数相对一致指数 6 个月的领先性，同时先行指数在 2014 年四季度上升后，在 2015 年一季度再度震荡下降，体现出先行指数上升动力不强，预示陕西省装备制造业三季度前景气状况仍将低位震荡。

从构成先行指数的三个指标的变动情况看，预付账款、短期借款两个指标变动对先行指标的上升有拖累作用，而销售费用则有正向拉动作用。2015 年 3 月末，陕西省装备制造样本企业的预付账款同比下降 14.05%，增速低于 2014 年 12 月末 6.96 个百分点；短期借款同比增长 19.3%，较 2014 年 12 月末下降 3.59 个百分点，但高于 2014 年 9 月末 15.67 个百分点；销售费用同比上升 8.35%，增速高于 2014 年全年 7.04 个百分点。

企业预付账款增速继续显著下滑，也同样源于当前企业订单下滑和资金紧张。但同时，企业销售费用增速的显著提升，表明企业在销售增长下滑的形势下，仍采取了较为积极的销售政策。2015 年以来，面对经济低迷态势，中央稳经济增长决心日渐凸显，采取了更为积极的财政政策。同时，中央银行通过降息、降准等货币政策，引导金融机构加大对实体经济的支持力度，将有助于缓解企业贷款难和融资成本高的问题，同时还将有效改善微观主体预期，增强企业经营信心。再看本季度对先行指数正向拉动作用略微减弱的短期借款指标，2015 年 3 月末，样本企业短期借款指标增速较 2014 年 12 月末有所下滑，但较 2014 年 9 月末仍有显著上升，主要源于 2015 年一季度因商业银行担忧实体经济下滑风险导致对部分项目放贷谨慎。随着 2015 年一季度实施的货币政策效应在二、三季度的逐渐显现，金融支持力度将不断加大，并将有效支撑短期借款、预付账款等相关先行指标上行，并继而带动装备制造业景气度的上升。

河北钢铁行业乍暖还寒

——河北省钢铁行业专项调查

中国人民银行石家庄中心支行调查统计处

2015年一季度，河北省钢铁行业总体呈现以下特点：钢铁产量开始逐步释放；钢铁需求初露启动迹象；钢企库存压力依然存在；钢材价格探底回升；信贷规模稳中有增，钢铁行业贷款风险可控。

2015年以来，河北省钢铁行业景气度持续低迷。从河北省冶金行业协会发布的钢铁行业PMI指数来看，3月为49.5%，环比上升15.5个百分点，创最近11个月来最高水平，但仍连续11个月处于50%的荣枯线以下（见图）。主要分项指数当中，产成品库存指数、新出口订单指数出现下滑，产出指数、新订单指数、原材料库存指数大幅回升，表明生产出现减缓、需求稳中有升，持续困扰钢市的供需矛盾有逐步缓解的迹象。

一、钢铁产量开始逐步释放

河北省冶金行业协会数据显示，2015年3月，河北省钢铁行业产出指数为51.2%，环比上升24.1个百分点，随着需求回升，钢厂产量开始释放，河北省重点监测钢铁企业开工率达90%以上。

河北省统计局数据显示，2015年1~3月全省生铁产量为4831万吨，增速

图　河北与全国钢铁 PMI 走势

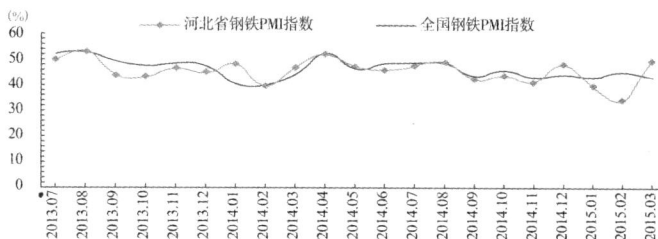

数据来源：河北省冶金行业协会、中物联。

表　2015 年 1~3 月河北省与全国钢铁产量对比　　　　　　（单位：万吨、%）

2015 年 1~3 月	生铁		粗钢		钢材	
	产量	增速	产量	增速	产量	增速
全国	17654.3	−2.3	20010	−1.7	26640.4	2.5
河北	4831	1.7	5112	0.4	6071.5	5.1
占比/对比	27.4	4	25.5	2.1	22.8	2.6

数据来源：河北省统计局。

为 1.7%；粗钢产量为 5112 万吨，增速为 0.4%；钢材产量为 6071.5 万吨，增速为 5.1%。生铁、粗钢、钢材产量分别占全国的 27.4%、25.5% 和 22.8%（见表）。

钢铁经济效益恢复性增长。1~3 月，河北省规模以上工业增加值为 2399.8 亿元，增速为 4.6%，钢铁工业增加值为 688.6 亿元，增速为 5.4%，占全省的 28.7%；规模以上工业主营业务收入为 9647.6 亿元，增速为−1.2%，钢铁工业主营业务收入为 2766.6 亿元，增速为−27.9%，占全省的 28.7%；规模以上工业利润为 390.1 亿元，增速为 7.5%，钢铁工业利润为 52.3 亿元，增速为 21.4%，占全省的 13.4%。

二、钢铁需求初露启动迹象

3 月的新订单指数为 55.1%，环比暴增 33 个百分点。国内需求季节性回升。进入 3 月后，春节假期结束，天气转暖，按照以往惯例，建筑行业需求季节性复苏，加上 3 月北方钢材价格反弹明显，贸易商和终端用户的采购节奏加快，市场交易氛围开始活跃。在我国经济转型升级的艰难过程中，需要传统产业与新

兴产业的交替发展，经济转型升级目前正处在进行时，尚未形成促进经济增长的主导因素，传统产业拖底经济增长仍是主要力量。从经济增长的"三驾马车"来看，固定资产投资仍将有力带动钢材需求，成为促进经济增长的主要手段。2015 年 1~3 月，河北省钢铁工业固定资产投资为 138.1 亿元，同比增长 10.5%，增幅达 16.4 个百分点。

2015 年一季度，河北省钢材出口 555 万吨，同比增长 69.8%，出口价值 166.3 亿元，同比增长 35.6%，钢材出口总量较高，对全省出口增长的贡献率超过九成。钢材出口的大幅增长，意味着河北省钢铁企业顶住了国家取消含硼钢出口退税带来的压力。2015 年 1 月 1 日起，国家取消了含硼钢的出口退税，生产过程产生污染、附加值并不高的含硼钢出口退税由 13% 或 9% 直接归零。河北省作为钢材出口大省，企业受到不小的压力，政策效果逐步显现。因此，2015 年 1~3 月，河北省含硼钢出口额逐月分别为 4.3 亿美元、0.7 亿美元和 0.6 亿美元，企业遭受了不同程度的损失。但可喜的是，在政策调整的不利情况下，河北省企业积极应对，迅速调整产品结构，

扩大其他合金钢出口，以弥补含硼钢的损失。一季度，全省钢材出口额保持了三成以上的增长速度，净增 7 亿美元。总体上看，钢铁企业平稳渡过了此次政策调整期。

三、钢企库存压力依然存在

从产成品库存来看，3 月成品材库存指数为 35.9%，环比下降 18.5 个百分点。河北钢厂的钢材库存大幅下降，主要源于需求回升。该指数显示 3 月钢铁企业库存上升势头有所减缓，但库存压力依然存在。对人民银行重点监测钢铁企业调查显示，一季度产成品存货水平指数为 44.1%，较上季度下降 2.9 个百分点，较上年同期增加 9.7 个百分点。

从原材料库存来看，3 月的原材料库存指数为 36.6%，环比上升 8 个百分点。对人民银行重点监测钢铁企业调查显示，原材料存货水平指数为 52.9%，与上季度持平，较上年同期下降 0.2 个百分点。河北钢厂原材料库存虽继续下降，但下降趋势放缓。从上游原材料市场来看，2015 年以来，在销售低迷的背景下，钢厂生产积极性偏低，原材料库存普遍维持低位，为保证利润更是压低原材料采购价格，令上游原材料价格持续下跌。截至 3 月末，邯郸地区普碳钢锭均价为 2040 元/吨，比上月减少 47 元/吨，较上年同期减少 1042 元/吨，下降 33.8%；邯郸地区铁精粉均价为 564 元/吨，较上年同期减少 341 元/吨，下降 37.7%。

四、钢材价格探底回升

在经历了连续 4 个多月的淡季下跌之后，钢材价格终于在 3 月中下旬迎来了一波涨势。随着下游需求逐步启动，市场采购出现阶段性的集中释放，加之国家对环保的强硬态度，特别是为迎合冬奥会申办工作，以华北地区为主的钢厂成为环保部门主要检查和治理的重点对象，减产、限产，甚至停产的消息层出不穷，市场消费对钢材供给量预期产生影响，由此产生的直接或间接的钢价拉动效应迅速蔓延。同时，钢厂加大环保投入，必将抬高生产成本，从而推动钢材价格的上涨，这对钢价也会形成较强的支撑。预计市场价格将出现一个明显的涨势。

从市场需求时间序列上看，由于 2015 年春节较晚，工地开工时间也较往年延迟，3 月中旬以后，市场需求才出现明显的启动迹象。随着天气转暖，市场季节性刚性需求出现释放，3 月中下旬钢价上涨，也刺激了市场中间需求加快释放，不少商家加大了备货囤货的力度，市场整体成交一度趋于活跃。截至 2015 年 3 月末，唐钢产 25 毫米螺纹钢均价 2410 元/吨，较上月上涨 180 元/吨；邯钢产 20 毫米螺纹钢均价 2307 元/吨，较上月上涨 50 元/吨。

五、信贷规模稳中有增，钢铁行业贷款风险可控

从资金市场来看，春节后现金回流到位、财政存款例行释放，以及人民币贬值压力缓解等因素，推动资金市场持续缓步向好。

对河北省银行业金融机构调查显示，3月末，对钢铁行业的融资总量达到3813.8亿元，比年初增加1.4亿元。其中，贷款总量与上年同期相比基本持平，贷款余额为1951.3亿元，占钢铁行业融资总额的51.2%；表外业务稳步上升，3月末余额为1862.2亿元，较年初增加35.6亿元，占钢铁行业融资总额的48.8%。

河北省银监局数据显示，3月末，河北省钢铁行业各项贷款同比增长1.4%，增加7.1个百分点；不良贷款同比增长8.9%，下降19.9个百分点。

工信厅数据显示，3月末，在河北省现有的120家钢铁企业中，国有大中型钢铁行业贷款余额为1315.7亿元，占钢铁行业贷款的67.4%。

一系列调查表明，目前河北省钢铁行业银行贷款总量基本稳定，表外业务有所增加，信贷规模稳中有增，钢铁行业贷款风险总体可控。

六、后市预期

综上所述，3月是传统钢市旺季的开始，钢价上升的支撑力量因素增强，钢铁市场季节性需求回升。但在制造业景气度堪忧的大环境下，后期钢铁行业仍将持续库存消化、原料市场下行等态势。预计4月钢铁生产将维持目前趋势。随着新《环境保护法》的正式施行及监管力度加大，钢铁企业环保压力感明显加剧，由于持续亏损及资金紧张，部分钢厂高炉春节后继续安排检修，部分钢厂甚至关停生产线，预计4月全省粗钢和钢材产量仍将维持在相对较低水平。因此，我们判断当前钢市仍处在破冰期，4月钢价仍难逃乍暖还寒的命运，预计总体将呈震荡运行走势。

铁矿石价格持续走低
行业发展不容乐观
——2015年一季度新疆铁矿石工业监测分析

中国人民银行乌鲁木齐中心支行调查统计处
中国人民银行阿勒泰地区中心支行调查统计科
中国人民银行富蕴县支行调查统计科

为全面了解新疆铁矿工业整体发展经营现状，人民银行阿勒泰地区中心支行依托5000户企业调查系统，对新疆铁矿石工业进行专项监测分析。结果显示，国际铁矿石供应量持续增长，低成本开采使铁矿石价格继续走低；国内铁矿石进口依存度不断提高，铁矿石市场供大于求矛盾突出，预计下阶段在国际铁矿石进口量增加、国内钢铁产能过剩、中国经济下行压力影响下，新疆铁矿石价格将持续低迷，行业发展前景不容乐观。

一、国际铁矿石供大于求，价格持续下滑

（一）普氏价格指数①创历史新低

2014年以来，铁矿石便开启"暴跌模式"，屡次跌破市场预期。全球铁矿石价格持续下滑与海外矿石新产能的不断释放以及铁矿石进口大国经济放缓、钢铁产量缩减、企业资金紧张、铁矿供应阶段性过剩等因素有关。2015年1~3月普氏铁矿石价格指数累计下降33.1%，价格指数跌至48美元/吨，创有记录以来历史新低。

（二）全球铁矿石供应集中度高，国际矿产商逆市扩产，铁矿石供大于求

2012年世界铁矿石原矿储量达1700亿吨，铁矿石分布集中在澳大利亚、巴西、俄罗斯、中国和印度，其储量和占

---

① 普氏价格指数是美国麦格希集团公司普氏能源资讯（platts）制定的，通过电话询问等方式，向矿商、钢厂及钢铁交易商采集数据，其中会选30-40家"最为活跃的企业"进行询价，其估价的主要依据是当天最高的买方询价和最低的卖方报价，而不管实际交易是否发生。2010年，普氏价格指数被世界三大矿山选为铁矿石定价依据。

世界总储量的 71.82%。其中澳大利亚、巴西和俄罗斯储量最为丰富，含铁储量占比分别为 20%、19% 和 16%。全球铁矿石供应集中度高，铁矿石出口主要集中于澳大利亚和巴西，2014 年两国的铁矿石出口量占全球总出口量的 70.27%。从公司层面来看，铁矿石生产又主要集中于四大矿企，即淡水河谷、力拓、必和必拓和 FMG1，四大铁矿石商占据全球铁矿石产量的 40% 以上，在铁矿石贸易中处于绝对主导地位。

目前，国际四大矿山企业全年铁矿发货量约 9 亿吨，矿业巨头的成本优势使得其在低价格局下仍会取得不错的利润，这使铁矿石巨头选择逆市扩产占领市场，铁矿石供应量不断增加，国际铁矿石供应环境宽松，今后一段时期供大于求的局面很难改变。

(三) 全球铁矿石需求集中，中国是铁矿石最大的需求国和进口国

全球铁矿石需求较为集中，铁矿石的主要用途即用于炼钢，从粗钢产量来看，中国是粗钢的主要生产国，2013 年产量占世界总产量的 48.5%，前五大粗钢生产国产量占总产量的 70.1%；从铁矿石表观消费量[①]来看，由于中国工业化较晚，近几年正处在钢铁工业快速发展的阶段，废钢资源积累少，因此对铁矿石需求强度高，2012 年中国铁矿石表观消费量达 10.26 亿吨，占 2012 年世界铁矿石表观消费量的 54.11%。

二、国内铁矿石供需矛盾突出，下游行业增速减缓，铁矿石需求受限

(一) 铁矿石进口依存度不断提高

中国铁矿石虽然原矿储量丰富，但铁矿石含铁量较低，平均约为 33%，而国际优质铁矿石资源含铁量达到 60% 以上。我国是世界头号钢铁生产大国，近年来，由于下游需求旺盛，我国铁矿石原矿产量保持连续增长，由 2001 年的 2.17 亿吨增长至 2014 年的 10.72 亿吨，但中国铁矿石供应远不能满足钢铁生产需求，因此中国需大量进口铁矿石。进口量的不断攀升，也使得中国铁矿石的进口依存度不断提高。中国海关网数据显示，我国铁矿石进口量由 2002 年的 1.12 亿吨增加至 2014 年的 9.33 亿吨，年均复合增长率为 22.37%，2014 年进口铁矿石对外依存度提高到 78.5%。

(二) 下游产业增速放缓，铁矿石需求受限

从国内钢铁生产和消费看，2015 年 3 月下旬，重点钢铁企业日均粗钢产量为 161.33 万吨，环比下降 2.18%，创 2013 年 1 月下旬以来的旬度日均产量新低；日均生铁产量为 159.6 万吨，环比下降 2.59%。由于下游需求迟迟未能释放和经济下行造成企业本身的库存积压，粗钢日产量持续下滑，这直接抑制对上游铁矿石的需求。同时，我国钢铁消费已经

---

① 表观消费量 (Apparent Consumption) 指当年产量加上净进口量，净进口量指当年进口量减出口量。

进入平台期，尤其是随着国内废钢量的增加，今后长流程[1]生产所需铁矿石增长空间非常有限。从国内宏观经济环境和钢材市场消费需求分析看，今后钢铁市场需求增长减缓，铁矿石市场将呈现供大于求的局面。

（三）铁矿石价格指数（CIOPI）持续下滑，进口铁矿石价格降幅大于国产矿

2015年3月末，中国铁矿石价格指数为197.49点，环比下降32.71点，降幅为14.21%。其中，国产铁矿石价格指数为226.05点，环比下降3.22点，降幅为1.40%；进口铁矿石价格指数为189.49点，环比下降41.13点，降幅为17.83%，较上月加大16.94个百分点（见图）。因进口粉矿到岸价格低于国产铁精矿含税价格，造成进口铁矿石价格指数低于国产铁矿石价格指数。目前国产矿价格已处于低位，下降空间十分有限，但进口铁矿石价格仍有下降空间，国产矿出货难度加大。

（四）亏本矿山停产，国内中小铁矿石厂商生存压力加剧

中国铁矿石虽然储量丰富，但资源分布散，已探明铁矿石资源分布在全国700多个县市近2000个矿区，且铁矿石资源平均品位较低，贫铁矿石占全国储量的97%，平均品位约为33%，较差的

资源禀赋导致铁矿石平均开采成本高，除鞍钢集团、太钢集团等少数拥有大型矿山的矿企完全成本[2]约500元/吨以外，多数铁矿石企业的成本为600~700元/吨，少数矿石企业的成本可能接近1000元/吨。当前国际铁矿石价格约为70美元/吨，折合人民币约420元/吨，即使考虑铁矿石从港口运至内陆需要的运费，国内铁矿石价格仍然比进口铁矿石价格高，以目前价格计算，中国大约3/4的铁矿石矿商处于亏损之中。

图 2015年1~3月中国铁矿石价格指数走势

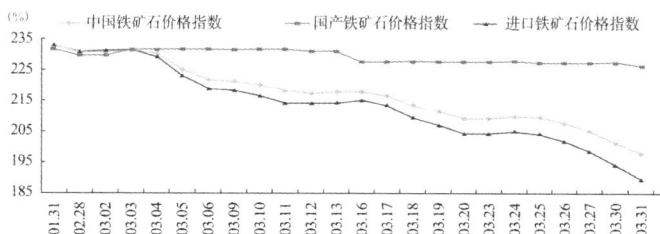

数据来源：中国钢铁工业协会网。

三、新疆铁矿资源分布及铁矿石行业基本情况

新疆铁矿资源丰富，具有分布广、

---

[1] 长流程是将铁矿石在高炉中炼成铁水，然后炼成钢，最后铸成无缝钢管。短流程的主要技术进步是它可省去投资巨大的高炉炼铁工序，用废钢作为原料，在电炉中炼成钢水铸成坯。

[2] 完全成本是企业在一定时期内为生产和消费一定数量和种类的产品和劳务所发生的全部耗费，不仅包括了制造成本的部分，还将期间费用纳入成本核算范围。

类型全、富矿多、资源潜力大等特点，新疆铁矿资源居全国第 14 位，居西北第 2 位。矿床主要分布于阿尔泰山、天山、昆仑山和阿尔金山，其中以天山地区较为集中，产地占 80%，资源储量占 78%。全疆预测资源储量为 77.8 亿吨，探明资源储量仅占 10.3%，资源远景好。新疆富铁矿占全国铁矿总资源量的 36.65%，远远高出全国 3.5% 的平均值。

目前，新疆铁矿石采选和加工企业多分布于哈密、吐鲁番、阿勒泰、巴州和伊犁等地区，具有代表性的企业如金宝矿业、八钢蒙库、伊钢矿山、备战矿业和八钢雅矿等。

四、行业承受矿价冲击压力、企业亏损严重、停产限产增加、融资困难等现象的存在是目前新疆铁矿石企业面临的主要问题

（一）高生产成本和低销售价格导致企业亏损严重

一方面，受新疆地理环境所限，铁矿石企业多为矿山露天开采，开采剥离面大，开采难度高，加之不断增加的原材料、人工、运输费和各种税收，使新疆铁矿石企业的生产成本远远高于国外企业生产成本。目前，新疆铁矿石企业生产 1 吨铁精粉的成本价一般为 300~420 元。另一方面，受国际、国内铁矿石市场价格持续走低的冲击，企业利润空间越来越小。从 2013 年开始，新疆铁矿石企业产品销售价格一再下跌，矿山企业普遍遭遇亏损压力。以新疆富蕴县铁矿石采选企业为例，目前铁矿石价格（不含运费）跌至 460 元/吨（2013 年为 750 元/吨左右），县辖仅矿山品位较好的蒙库铁矿和金宝矿业能保持略有盈利，其他中小型矿山基本为亏损状态。

（二）企业停产限产不断增加

一方面，新疆中小型铁矿石采选和加工企业由于开采的铁矿品位低、成本大，在铁矿石市场价格持续下跌的情况下，市场竞争力严重不足，为避免企业因经营亏损而倒闭，纷纷选择停产。另一方面，疆内部分开工生产的民营企业由于对铁矿石价格上涨存在预期信心，在当前价格不景气的情况下，纷纷选择限产和销售库存产品的方式来保证企业的持续经营。以新疆富蕴县铁矿石采选和加工企业为例，2015 年 3 月末，规模以上铁矿石采选和加工企业有 7 家，开工企业只有 2 家，占企业数的 28.57%；4 月，开工企业虽增加至 4 家，但有 2 家企业限产，铁矿石采选和加工企业开工率明显不足。

（三）中小企业融资难、融资贵问题突出

目前，新疆铁矿石企业产品一般都针对疆内（八一钢铁、伊犁钢铁和哈密钢铁）销售，疆外（酒泉钢铁）销售也有一部分但数量较少，长期稳定的销售渠道和销售对象虽有益于企业经营的稳定性，但在疆内下游钢铁企业经营效益下滑、亏损严重的情况下，部分中小型铁矿石企业销售多采取非现金结算形式，造成企业资金周转力降低，影响企业资金流动性。同时，以铁矿石采选和加工

为主的中小型企业特别是民营企业在直接融资渠道不畅，间接融资受信用等级、经营风险等方面影响，从银行获取贷款困难的现状下，企业融资难、融资贵问题进一步突出。

五、预计未来铁矿石价格持续低迷，行业发展前景不容乐观

（一）企业经营困难，面临市场淘汰危机

当前国内制造业的景气度不高，钢铁原料市场仍处在下行格局中，尤其是进口矿价跌至最近10年来的新低，成本对钢价的支撑依然不足。由此可见，新疆的钢铁行业仍处在低迷状态。随着铁矿石价格持续下跌，预计2015年疆内矿山企业处境将更加艰难，如果不能有效降低成本使企业增收，大量中小型矿山企业将被迫停产甚至淘汰出市场。

（二）生产能力逐步复苏，工业经济增长仍具空间

受新疆铁矿石采选和加工季节性因素影响，进入4月，新疆大中型铁矿企业及部分小型企业陆续恢复生产，铁矿石供应量将有所上升；同时，为克服下游产业产能过剩、企业经济效益下滑等问题，钢铁行业也逐步开始实施产业结构调整和转型，主动适应经济发展的新常态，预计2015年铁矿石及其下游行业在工业经济增长中的贡献度将会回升。

（三）矿业产能增加，矿价下行空间明显

结合国际四大矿山目前供应及扩产项目来看，2015年，国际四大矿山新增产能仍有近1亿吨增量；同时，在中国这个全球最大的铁矿石需求国的需求放缓之际，国内大中型钢厂进口铁矿石平均库存可用天数维持在25天的偏低水平。下游采购积极性较差，近亿吨的港口库存令矿价持续承压。截至4月10日，中国大型港口的铁矿石库存高达9835万吨，在国内钢需疲软加之出口退税政策调整等系列影响之下，供过于求的矛盾表现愈加突出，预计2015年矿价仍有下行空间，均价为每吨60~80美元。

执笔：文志军　张文娟　骆红莲

湖北省汽车制造业发展情况及走势判断

——2015 年一季度湖北省汽车制造业 PMI 指数分析

中国人民银行武汉分行调查统计处

湖北省是汽车工业大省和全国重要的汽车工业基地，全省汽车制造业产业规模大、支柱效应明显、产业链完整、产品门类齐全，在全国汽车产业中具有举足轻重的作用。2014 年，全省生产汽车 174.5 万辆，同比增长 9.4%，占全国汽车总量的比重达到 7.4%，汽车制造业总产值、销售收入、利润总额在全国的贡献率均达到 7%以上，总量和增速均位居全国前列，其中，全省最大的整车企业东风汽车公司全年产销汽车分别为 383.1 万辆和 380.3 万辆，同比分别增长 8.4%和 7.6%，市场占有率达到 15%以上，经营规模和市场规模连续多年稳居行业第二。湖北省汽车发展状况在全国具有较强的代表性，调查和研究湖北省汽车制造业的发展状况，对于全省乃至全国汽车产业都具有很强的指导意义。为此，人民银行武汉分行制定了湖北省汽车制造业采购经理指数（以下简称汽车 PMI）

表　汽车制造业 PMI 样本结构分布　　　　　　　　　　　　　　（单位：家）

按企业规模分			按产品用途分					
	2015Q1	2014Q4		2015Q1	2014Q4		2015Q1	2014Q4
大	29	29	乘用车	3	3	发动机配件	26	23
中	88	87	商用车	7	7	传动系配件	33	36
小	89	91	专用车	30	29	制动系配件	15	14
						转向系配件	18	18
						电器仪表系	8	10
						车身及附件	35	36
						其他零配件	31	31
合计	206	207	整车企业合计	40	39	零配件企业合计	166	168

调查方案，在综合考虑企业规模和产品用途等基础上，按季度对湖北省汽车制造业发展情况进行调查，调查共在全省汽车制造业企业中选择了 206 家样本企业（见表），样本企业销售收入为 4390.56 亿元，在全省汽车制造业中的占比达到 87%，可以反映湖北省汽车制造业的经营情况。

一、数据情况：汽车 PMI 指数旺季不旺，逆势下滑

从往年来看，一季度是汽车产销的传统旺季，但 2015 年一季度却呈现旺季不旺的态势。2015 年一季度，湖北省汽车制造业采购经理指数（PMI）为 64.81%，较上季度下降 6.90 个百分点。各分项指数均呈现下降态势，生产指数为 70.81%，新订单指数为 70.89%，较上季度分别下降 6.11 个、9.93 个百分点；由于销售不佳，企业主动减少库存，原材料库存指数为 59.94%，较上季度下降 9.05 个百分点，产成品库存指数为 63.80%，较上季度下降 8.34 个百分点；从业人员指数为 60.44%，较上季度下降 6.70 个百分点；供应商配送时间指数为 51.72%，较上季度略降 1.01 个百分点。

分企业规模看，大型企业 PMI 指数持续高于中小型企业。本季度，大型企业 PMI 指数为 65.64%，较中型、小型企业分别高出 5.32 个、12.35 个百分点，部分小型企业如华特公司由于经营情况持续恶化，索性关厂停产。分产品用途看，整车、汽配企业的 PMI 指数均有所下滑，

整车企业 PMI 指数为 67.75%，较上季度下滑 5.60 个百分点，整车市场的低迷表现对上游汽配制造业形成压力，一季度，汽配企业 PMI 指数为 51.81%，较上季度下降 11.09 个百分点。

二、湖北省汽车制造业经营情况和特点

（一）汽车产业增速放缓，内部分化明显

2014 年以来，汽车产业放缓趋势明显，汽车产量增速已由一季度的 13.81%、上半年的 13.36% 滑落至全年的 9.37%，2015 年前两个月进一步滑落至 0.73% 的低点。1~2 月，湖北省汽车行业增加值增长 8.6%，同比回落 5.9 个百分点；主营业务收入 691.26 亿元，同比增长 2.88%，较上年同期回落 17.49 个百分点；利润总额 54.78 亿元，下降 15.26%，增速较上年同期下降 84.47 个百分点。

从行业内部看，湖北省汽车制造业分化明显。乘用车中 SUV、MPV 保持较高增速，越野车在自主品牌带动下继续保持增长，产量增长 71.4%，轿车产销基本维持上年同期水平，部分企业还有所下滑，如神龙汽车 2015 年前两个月轿车销量较上年同期下降 8.43%。商用车市场需求低迷，产销下滑明显，客车、载货车产量分别下降 47.1% 和 20.2%，仍未摆脱困境。如作为湖北省汽车行业的龙头企业，东风商用车有限公司 2015 年一季度产销量大幅下滑，1~2 月累计生产汽车 20335 辆，同比下降 14.86%；累计销

售汽车 15195 辆，同比下降 13.97%。专用车 PMI 指数为 46.79%，连续 4 个季度位于 50% 的荣枯分界线以下。许多企业对市场行情不太乐观，如航天双龙明显感觉市场萎缩，特别是房地产拐点出现后，工程车销量大幅下滑；从微观因素看，2014 年上半年，随州专汽质量问题曝光后，相关部门对专汽生产质量把关更加严格，油罐厚度、汽车重量等都按照国家规定执行，企业订单量有所萎缩，多数企业"维稳"的意向浓厚，扩大生产、增加投资的意愿低。

（二）自主品牌竞争力弱，零部件企业技术含量低

当前，自主品牌竞争环境日益严峻，湖北省汽车自主品牌如东风风神等产品大多定位于中低端市场，盈利能力弱，可持续发展能力不足。同时，由于中外合资企业本地化开发力度不断加大，自主品牌汽车的成本优势不断缩小，加之自主品牌发展时间较短，消费者认同度不高，自主品牌面临强大的竞争压力。同时，目前国内外各大汽车公司已经广泛地采用了平台战略、零部件全球采购、系统开发、模块化等供货方式，实现了在全球范围内配置资源，扩大了产品通用化程度，有效地提高了产品质量，大幅度地降低了成本，提高了产品的竞争力。但湖北省汽车零部件企业由于产品结构单一，技术研发能力弱，缺乏总成化、模块化生产能力，多数没有与整车和主机企业形成战略合作伙伴关系，造成其市场竞争力弱，容易受市场波动影响，难以做大做强，不少零部件企业

2015 年产销下滑严重。如湖北三环汽车方向机有限公司为咸宁市辖区一中型国有企业，主营产品为汽车（含乘用车和商用车）方向机，由于企业产能以传统产品（老方向机）为主，市场议价能力过低，企业利润情况日益下滑，2013 年销售收入为 2.4 亿元，利润为 117 万元；2014 年销售收入为 2.8 亿元，净利润仅有 48 万元；2015 年一季度在销售收入同比增加的情况下更是亏损 68 万元。

（三）用工需求强烈，人力成本上涨压力长期存在

调查中，企业普遍反映年后招工难，且用工难正在由季节性、区域性向常态化、结构性转变，劳动密集型企业用工尤为短缺，普工、技术工种较为缺乏。其原因既有劳动力成本的增加，也有服务业崛起所形成的分流，还有劳动者权利保护意识的提高，用工权益不再局限于对工资待遇的追求上，而更注重整个劳动环境的舒适度。调查企业反映，企业缺工状态特别是缺少技术工人的情况愈演愈烈，如上海通用武汉公司尽管 2015 年 1 月已经投产，但目前技术工人缺口达 1 万多人，产能利用不足，新增产值未达预期。技工持续短缺的情况倒逼企业改善用工条件，黄冈市一家汽配企业反映，一名新入职员工经考验合格转为正式技工的收入为 3400 元，相当于 3 年前工资水平的 2 倍，且企业每月还要为每位员工缴纳 500 元保险并加大固定投资，兴建食堂为员工改善工作环境。

（四）互联网对配送的影响日益显著

据调查企业介绍，互联网对企业采

购经营作用日益加强，不论采购还是销售，均可通过互联网进行市场调查与联络，为节约生产成本、按时履行合同，提高工作效率提供了重要支撑。

（五）企业现金流压力加大

伴随着经济增速下行，企业经营状况欠佳，资金紧张问题在行业内部蔓延。为缓解这种周转压力，许多大型整车企业利用行业主导优势开始减少预付货款比例并拖延货款支付，由此造成资金紧张问题从产业链的下游向上游蔓延。数据显示，近年来，湖北省汽车制造业应收账款和应收账款占流动资产的比例持续攀升，2014 年 2 月应收账款已达到601.12 亿元，同比增长 16.59%；应收账款占流动资产的比例达到 23.26%，为2008 年以来的新高。企业现金流压力加大主要表现在：一是货款回笼周期拉长。目前，生产企业购销款拖欠非常普遍，企业销售资金回笼缓慢，严重影响企业的资金周转，在市场需求下降的情况下，企业现金流压力和经营难度不断加大。如新力板簧是为二汽某企业生产减震板、以来料加工为主的企业。通常情况下，下游企业将需求数量报送过来，产品利润按件计提，不受价格波动影响。但下游企业不能按时结算，一般延后 3 个月，多时达半年之久，目前，企业应收账款占到企业可流动资产的 30%~40%。为缓解资金压力，企业对每一笔业务采用"三三三一"付款方式：签订合同需付款30%，产品生产完成再付款 30%，安装调试成功再付款 30%，最后预留 10%的质保金。二是结算票据化现象突出，应收票据占应收账款的比例大幅上升。以某汽车零部件生产企业为例，由于专用车市场萎缩，专用车生产、销售企业的现金流短缺，导致该零部件生产企业的应收票据占应收账款的比例快速上升，目前已达到90%以上，而票据的承兑期限限制增加了资金压力，贴现利息和费用高企①又变相增加了财务成本，加剧了企业的现金流压力。

（六）部分企业风险有所暴露

以全力机械为例，2015 年一季度，该企业的资金链断裂风险暴露，并迅速向整个体系传导。一方面，与其发生了业务往来的上下游企业无法获得债权保障，正常的债务清偿程序耗时延长，企业日常生产经营受到波及。另一方面，中国银行、农业银行、农村商业银行等辖内大部分金融机构及部分外地商业银行均对其发放了大额贷款，贷款总额约 6亿元。企业一旦倒闭，则这些贷款成为不良贷款，商业银行信贷工作人员在严格的问责机制下面临停职或被辞退的风险，地方分支机构的信贷审批权限也将被省分行收回，严重影响整个地区的信贷投放力度。

---

① 票据贴现成本有：0.05%的手续费，7.2%的贴现利息；小型商业银行票据则要通过中介贴现，中介费为1%。

新常态下煤炭资源城市转型发展瓶颈的调查分析

中国人民银行哈尔滨中心支行调查统计处
中国人民银行七台河市中心支行调查统计科

在全国经济进入下行通道、黑龙江省经济持续下滑、煤焦产业不景气的形势下，作为全省重要焦煤基地的七台河市持续推进产业项目和园区建设，深入落实稳增长、调结构、促改革、惠民生系列措施，2015 年一季度 GDP 不降反升，实现 4.8% 的增长，居全省四煤城首位。但经济发展表明，煤矿城市仍面临较为困难的发展环境，煤炭供大于求的形势难有大的改观，煤炭、焦炭市场需求短期难以摆脱量减价跌的状况。

一、存在的问题

（一）七煤和龙煤主要产品产量下降，企业亏损额仍然较高

一季度七煤和龙煤原煤产量 240.3 万吨，同比下降 6.6%；精煤 97.0 万吨，同比下降 4.4%；发电量 0.89 亿度，同比下降 16.6%。1~3 月龙煤七台河分公司亏损 1.54 亿元，同比减亏 2.30 亿元；七煤公司亏损 1.20 亿元，同比基本持平。这两户企业虽然比同期分别大幅减亏和未增亏，但扭亏难度很大。

（二）企业生产建设资金短缺，融资困难

主要体现在企业融资难方面。受经营效益下降等因素影响，企业信贷还款能力差，销售回款慢或清收不到位，导致企业资金周转紧张，制约了企业正常运行和生产发展。部分有扩大投资意向的企业，项目融资难度大，资金链出现断裂，致使规划项目后续建设缓慢，影响了项目投产和建设进度。

（三）规模以上企业停产较多

在 86 户规模以上企业中，3 月停产企业 40 户，虽比 2 月下降 16.7%，但仍占规模以上企业总户数的 46.5%。涉煤的 47 户规模以上企业中，停产 18 户，占 38%；非煤的 39 户规模以上企业中，停

产 22 户。

（四）非煤产业发展较慢

多数非煤行业对煤炭经济的依存度较大，规模以上非煤企业户数少，经济总量小，发展速度慢。在 39 户非煤规模以上企业中 3 月停产 22 户，一季度实现增加值 0.7 亿元，同比下降 44.0%。全市机械制造业以矿山机械为主，受煤炭经济不景气影响，企业开工不足，完成工业增加值 0.1 亿元，同比下降 52.9%；食品加工业以农副产品加工为主，受进口大豆冲击，油脂加工关停企业较多，完成工业增加值 0.1 亿元，同比下降 68.9%；家具制造业实现工业增加值 0.3 亿元，同比下降 3.9%。

二、原因分析

（一）煤焦市场仍然弱势运行

煤焦价格处于下跌走势（截至目前二级冶金焦 840 元/吨，较 2014 年末下降 50 元/吨；主焦精煤 720 元/吨，较 2014 年末下降 40 元/吨），虽然煤炭产量同比有所增长，但主要原因是同期市场和生产政策的不确定性、企业的观望态度带来的相对结果，同时也是下游企业库存不足、供需恢复流动的体现。目前煤炭、焦炭、钢材市场供需阶段性失衡，价格继续下跌，企稳回暖迹象不明显，煤焦企业经营更加困难，煤炭行业运行形势更加严峻。

（二）工业结构单一，能源行业比重偏大

目前，七台河市资源依赖型经济发展模式没有得到根本改变，全市煤、电行业占规模以上工业比重达到 91%，区域经济发展对煤炭依赖性过强。主导产品市场的低迷，导致涉煤企业普遍处于停产状态，企业生产短期难以快速回暖，生产形势依然严峻。非煤企业大部分产品科技含量低，缺乏竞争力，货款回笼慢，资金周转不畅，制约企业发展。2014 年竣工的一些转型项目还没有形成产出效益，影响了财政收入和经济总量稳定增长。

（三）非煤产业发展进入深度调整期

从家禽养殖业效益走势看，七台河市畜牧业总量少、规模小，禽类养殖规模过大问题相对突出，一季度畜禽存出栏有所下降；从房地产行业销售情况看，目前七台河市剩余房源面积占总房源面积的 34.3%，受销售低迷、房屋交易量下降、开发商资金回笼缓慢影响，契税、房产税等税收随之下降；受市场前景不确定等因素的影响，一批引资洽谈项目难以尽快落地，一些扩建项目融资途径没能确定，导致后续建设进展缓慢。

（四）高科技项目少，缺乏新的经济增长点

受经济大环境的影响，域内企业扩张欲望不强，新上产业项目中，传统的项目多，科技加工型项目较少，缺少拉动力强的龙头企业，无法形成良性发展的产业链条。2014 年引进的再生资源产业项目刚刚启动建设，形成集群效应还需要一段时间的建设和发展。

三、对策建议

(一) 发挥政策联动效应，加快发展煤炭深加工项目建设

一是信贷政策要把握优惠利率、绿色信贷、业务创新等环节，有效利用授信开证、押汇、保理、融资租赁等多种融资手段，重点支持延长产业链和循环经济项目建设，支持煤变焦、煤变油、煤变电、煤气化和煤洗选等项目建设，支持利用煤矸石、炉渣、煤灰生产水泥、空心砖等建材行业的发展。二是财政政策要侧重于税收优惠、专项资金、基础建设等环节，着重对煤炭深加工项目的基础研究、技术推广、担保机构、中介服务以及公路、铁路、港口、工业园区等基础建设予以支持。三是产业政策掌控好项目准入和退出关口，重点抓好鼓励或限制项目产业政策的落实，逐步提高煤炭产地转化比例，提高煤炭产业附加值，缓解煤炭运输压力。

(二) 积极发展战略性新兴产业，推动多元化发展

要在巩固以煤炭及其相关产业为主导的产业链的同时，调整产业结构，淘汰落后产能，提升产业整体水平。加快发展非煤替代产业，积极发展精密铸造产业，引资开发体育服装、运动器材产业，抓住改造棚户区等市场机遇，做大做强新型建材产业，使工业经济总量扩大，生产和效益同步发展。

(三) 大力推进产业项目建设，保持固定资产投资较快增长

积极推进实施超千万元产业项目建设，推进煤化工等主导产业提档升级，巩固发展传统非煤优势产业，抢抓国家重点扶持战略性新兴产业发展机遇，强化招商引资上项目，加强项目储备。一是推进工业产业项目建设，促进工业产业结构的优化升级。二是大力推进农业农村基础设施和农业产业化项目建设，抓好以防汛抗旱为重点的水利工程，提高农业规模化、现代化生产水平，提高粮食综合生产能力。三是推进服务业投资，加快服务业发展进程。

(四) 加强科技创新和结构优化，撬动替代产业发展

要充分发挥科技创新在替代工业发展中的第一推动力作用，提升发展层次，形成一批规模大、技术含量高、效益好、关联度高、竞争力强、多元化发展的替代工业群和产品群。

执笔：孙丽颖　孟凡泓

降息、降准对实体经济传导效应分析

中国人民银行福州中心支行调查统计处

为研究中央银行连续降息、降准的效果及影响实体经济的渠道，人民银行福州中心支行通过召开企业座谈会、走访商业银行等多种形式进行了调研。

一、中央银行降息、降准影响实体经济的渠道及效应分析

（一）债券和股票市场的渠道——债券收益率下行，股票市场加速上涨

中央银行降息与降准之后，债券收益率下行，债券市场的发行与成交更为活跃。2015 年 1~2 月，债券市场累计发行债券 1.2 万亿元，同比增长 22.4%。其中，银行间债券市场累计发行 1.1 万亿元，同比增长 15.2%。其中，国债发行 1000 亿元，金融债券发行 4574.1 亿元，公司信用类债券发行 6414.4 亿元，信贷资产支持证券发行 364.2 亿元。2015 年 1~2 月，银行间市场现券交易累计成交 7.3 万亿元，日均成交 1929.4 亿元，同比增长 82.6%。

短期债券收益率小幅上行。2015 年 2 月末，1 年期国债到期收益率为 3.0396%，较 2014 年 11 月末小幅上行 0.49 个基点；1 年期 AAA 级债券到期收益率为 4.312%，较 2014 年 11 月末小幅上行 4.13 个基点。中长期债券的收益率有所下行。2015 年 2 月末，3 年、5 年及 10 年期国债到期收益率分别为 3.1311%、3.2164% 和 3.3602%，分别较 2014 年 11 月末下降了 16.02 个、18.72 个和 16.47 个基点。政策性金融债方面，2 月末，3 年、5 年和 10 年期的国开债到期收益率分别为 3.632%、3.7321% 和 3.6601%，分别较 2014 年 11 月末下降了 14.17 个、11.89 个和 21.21 个基点。2 月末，3 年、5 年和 10 年期的 AAA 级债券到期收益率分别为 4.2465%、4.265% 和 4.6685%，分别较 2014 年 11 月末下降了 5.18 个、25.69 个和 4.19 个基点。中长期债券收益率下行可能源于对经济基本面、通胀下行的预期，也有可能源于对进一步宽松的预期。

中央银行降息刺激股票市场加速上涨。2014 年 11 月 22 日至 2015 年 2 月

末，上证指数与深证指数涨幅均超过了30%。股票市场的活跃，促进了股票的发行以及上市公司的再融资。2014年12月至2015年2月，非金融企业境内股票融资合计1726亿元，同比增长了74%。活跃的股票市场对国有企业改革、提高企业股权融资占比、修复企业资产负债表有着较强的意义。

（二）基准贷款利率下降的传导渠道——各项人民币贷款加权平均利率下降

中央银行降息与降准之后，银行贷款利率下降直接激发消费、投资，刺激经济。2015年2月，福建省各项人民币贷款加权平均利率为7.3083%，比2014年11月（降息前）低26.8个基点。个人住房按揭贷款的利率也在下滑，福建省商业性个人住房贷款加权平均利率为6.2862%，比2014年11月（降息前）低47.95个基点。2014年10月至今，个人住房贷款已连续5个月下降。贷款加权平均利率与个人住房按揭利率下降幅度均超过了中央银行降息的幅度，降息的效果较为明显。与此同时，金融机构贷款仍偏向风险较低的基础建设项目，低风险基础建设项目贷款增加，拉低整体贷款利率；个人按揭贷款的上浮比例也在下降，同样拉低贷款利率。

融资成本的下降会刺激企业的融资需求。人民银行福州中心支行近期进行的50家金融机构问卷调查显示，如果融资成本下降10%，48%的机构认为企业融资需求将比2014年增长0~10%，26%的机构认为增幅将在10%~20%。

（三）商业银行资产负债表的渠道——商业银行负债成本没有明显的下降

在贷款规模管控，以及存贷比的约束下，商业银行通过增加同业资产，扩充资本负债表。一些商业银行的同业资产已经超过了其总资产的1/3。同业资产对接的项目，事实上也是变相为实体经济融资的一种形式。仅考虑通过贷款的传导渠道有失偏颇，因此要综合从商业银行资产表考察货币政策传动。由于同业业务等新业务的快速发展，商业银行在定价时，除了参照中央银行的贷款基准利率外，也会根据FTP定价准则，综合考虑负债的成本，配置资产。传导渠道大致可以描述如下：中央银行降息与降准之后，存款付息率下降，债券收益率下行，商业银行发行的理财可投资资产收益率下行，致使理财收益率下行，银行综合资金成本降低，银行贷款利率下降，最终激发消费、投资，刺激经济。

从一般性存款来看，存款付息率降幅小于基准利率降幅。虽然2014年11月，中央银行下调1年期存款基准利率25个基点（除活期存款外，其他各个期限的存款基准利率也有下调），但是除四家大型商业银行和少数股份制商业银行外，其他商业银行均提高了上浮的比例，存款付息率下降的幅度要远小于基准利率下降的幅度。

从同业存款来看，同业定期存款利率大幅上升。2015年2月，福建省金融同业活期存款加权平均利率为1.1820%，较2014年11月（降息前）下降了10.3

个基点；金融同业定期存款加权平均利率为5.081%，较2014年11月（降息前）大幅上升78.87个基点，与同业拆借市场利率走势相同。同业定期存款利率上升是由多重因素造成的，一方面，商业银行年终考核、春节资金面偏紧等因素推动同业定期存款利率上升；另一方面，《中国人民银行关于存款口径调整后存款准备金政策和利率管理政策有关事项的通知》（银发〔2014〕387号）规定自2015年起金融同业存款纳入各项存款口径，为缓解存贷比考核压力，商业银行对同业存款竞争加剧。2015年2月，福建省银行协议存款加权平均利率达到了5.7%，较2014年11月（降息前）上升了45.72个基点。

从理财产品来看，理财收益率也有所上升。2015年2月末，1个月、3个月、6个月和12个月理财产品的收益率分别为5.1466%、5.3519%、5.4004%和5.5684%，分别较2014年11月末（降息前）上升46.6个、35.66个、18.31个、19.4个基点。

总体来看，商业银行负债资金成本并没有明显地下降，反而因为春节等因素有所上升，致使银行利差有所收窄。人民银行福州中心支行近期进行的50家金融机构问卷调查显示，2015年1~2月，58%的银行净利差下降25个基点以内，24%的银行净利差下降25~50个基点，16%的银行净利差下降幅度超过50个基点。某银行测算该行存贷利差下降约8个基点，净息差下降约4个基点，利息净收入减少约16亿元。净息差下降，而商业银行对于企业尤其是中小企业的议价能力较强，限制了贷款利率继续下行。

从未来的趋势来看，商业银行的负债成本有望降低。第一，理财收益率可能会降低。理财资金大量对接金融机构及企业债券。2015年2月末，银行间债券市场投资者中，商业银行持有债券占比达到了63.1%。随着债券收益率的逐步下降，最终会导致理财收益率的下降。第二，2015年3月1日，中央银行再次下调存款基准利率，同时扩大存款浮动区间后，除农信机构和极少数股份制商业银行外，大多数商业银行没有选择一浮到顶，商业银行付息率会有所下降。随着商业银行的负债成本的降低，贷款利率或存在下行的空间。

（四）影子银行的渠道——信托产品收益率小幅下降，民间融资利率有所下降

影子银行也是经济主体融资的重要渠道。由于没有信托贷款的利率，从信托产品的收益率也可以看出信托贷款利率的大体走势。整体来看，降息后信托产品收益率小幅下降。2015年2月，全国共有1031只信托产品到期，综合的实际兑付收益率为8.214%，较2014年11月下降12.6个基点。其中，无固定期限产品实际兑付收益率为8.6214%，较2014年11月上升33.14个基点；6个月以下产品实际兑付收益率为7.1786%，较2014年11月上升20.86个基点；6个月以上12个月以下（含）产品实际兑付收益率为7.5487%，较2014年11月下降17.13个基点；1年以上3年以下

（含）产品实际兑付收益率为 8.7161%，较 2014 年 11 月下降 68.39 个基点；3 年以上产品实际兑付收益率为 9.5933%，较 2014 年 11 月下降 67.67 个基点。

2014 年 11 月 22 日中央银行宣布降息后，民间融资利率也有所下降。2015 年 2 月，温州民间借贷登记中心公布的民间借贷平均利率为 18.86%，比 2014 年 11 月（降息前）下降了 198 个基点。2015 年 2 月，人民银行监测的温州民间借贷的综合利率为 19.56%，比 2014 年 11 月（降息前）下降了 12 个基点。虽然民间融资利率受经济下行、季节性等其他因素的影响，但是中央银行降息也可能是民间融资利率下调的间接原因。信托、民间借贷等影子银行的融资利率下降，融资活动增加，刺激消费、投资。

二、基本结论与建议

中央银行降息以后，金融债券与企业债券的发行、成交均较活跃，中长期债券的收益率也有较明显的下行，但受多重因素影响，短端利率仍然处于高位。降息后，贷款利率也下行较为明显，降息的效果初步显现。但是，商业银行负债端的成本并没有明显下降，可能会限制贷款利率的进一步下行。由于同业负债已经成为商业资金重要来源，中央银行通过货币政策工具，能够直接有效地调控短端利率。因此，有必要加大短期资金投放的力度，降低短端利率，推动同业利率的下行，降低商业银行的综合付息成本，更好地发挥降息效应。

执笔：高文博

上海自贸区政策对资本管制影响情况分析

中国人民银行宁波市中心支行统计研究处

美国国家经济研究局于 2015 年 1 月发布了题为《中国上海自由贸易区改革影响评估》的工作论文，通过价差检验、利差检验和格兰杰因果检验等三种方法，对上海自贸区政策对资本管制影响情况进行了验证。结果表明，上海自贸区设立是人民币离岸、在岸市场间利差的转折点，上海自贸区设立后对缩小离岸和在岸市场间套利、加大中国与全球金融市场联动性、降低资本管制等都有着积极的效果。现将该工作论文编译如下。

一、背景介绍

中国是目前世界上最大的保持资本管制的国家。根据 IMF 关于资本项目开放的标准，中国在资本项目交易的全部 13 个子项目中实施了管制。基于国家安全和政策独立性的考虑，并吸取亚洲金融危机教训，中国过去实行严格资本管制和盯住美元（且通常被低估）的

人民币汇率，为中国经济快速增长和外汇储备快速积累提供了保障，也使通胀压力持续，资产价格暴涨。因此，中国政府期望在保持货币政策独立性的同时，通过设立自贸区，在资本项目相对开放和人民币汇率一定程度浮动之间找到均衡。

上海自由贸易试验区运行一年多来，已经在三方面达到预期政策目标：一是在法律监管体系改革中完成了一些重要的政策目标；二是建立了以负面清单为核心的投资管理制度；三是贸易便利化得到提高，金融创新不断推进。体现到跨境资本流动上，上海自贸区成立后中国资本流出入更为明显。从中国国际收支平衡数据表（IMF 公布）和《资本流入新兴市场半年度报告》（国际金融研究所公布）看，在上海自贸区成立以前，中国每季度资本流出入 3000 亿~4000 亿美元；从 2013 年四季度至 2014 年上半年，季度资本流出量逐渐增加至 6200 亿

美元，流入量则从 4020 亿美元增长至 6360 亿美元。

二、自贸区成立后，跨境套利空间趋小

（一）自贸区设立后，离岸、在岸人民币价差趋于缩小

根据一价定律，假设资本流动是自由的，中国境内外的同种金融资产不会存在显著和持续的价格差异。以人民币在岸汇率和香港离岸汇率的价差为目标，选取了从 2012 年 8 月 31 日至 2014 年 9

图1 人民币在岸汇价和离岸汇价的价差检验

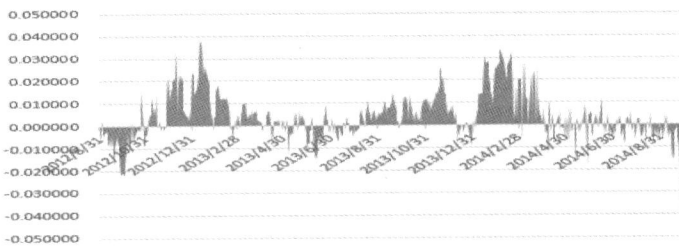

数据来源：基于万得资讯、美联储和彭博通讯社数据计算。

月 30 日美国圣路易斯联储银行发布的每日人民币汇率和香港离岸市场人民币汇率进行差分。结果显示（见图1），自贸区的设立总体使得人民币在岸和离岸汇价价差缩小。在自贸区成立前的一年，价差达到 300 个基点。但是自贸区设立后，特别是 2014 年 3 月开始，价差很少达到 100 个基点。考虑到 2014 年 2 月 21 日中国政府宣布了支持人民币在自贸区跨境使用政策的情况，价差数据和这项政策相当符合。

（二）除特定的中央银行干预期外，离岸、在岸人民币价格差异很小

由于离岸、在岸人民币价格在本质上反映的是同一种货币，决定其趋势的基础因素，如进出口、投资、物价和货币供应量等均相同，长期来看两者走势一致，相关系数达 0.9901。但短期内，由于离岸市场受到的管制更少，离岸价格对国际市场更为敏感。如 2014 年 1 月中旬至 4 月初，美元指数稳定在 77 左右，但在岸人民币快速地从 6.06 贬值到 6.24，与离岸市场出现较大价差；9 月中旬美元指数从 78.5 升值至 81.3，但在岸人民币保持在 6.14 元左右，同期在岸与离岸人民币表现为负价差。除上述两个时期外，自上海自贸区设立后离岸、在岸之间的人民币价差很小，说明市场效率在提升，中国金融自由化有进步，资本管制有效性在减弱。

三、上海自贸区设立是离岸、在岸利差走势的转折点

基于利率平价理论，选取 2006 年 10 月 8 日至 2014 年 11 月 6 日期间的人民币在岸利率、美元离岸利率和无本金

图 2 离岸、在岸市场人民币收益差走势

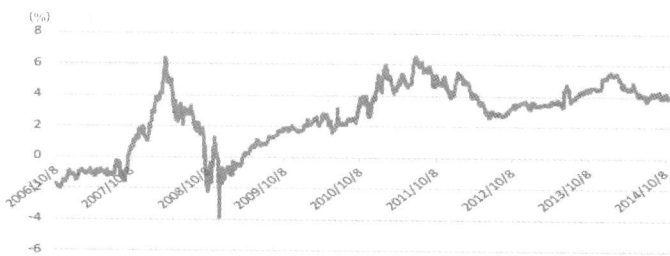

数据来源：作者基于 DZH 数据库计算。

交割远期（NDF①）汇率进行价格检验。其中，国内利率衡量选择 Shibor（上海银行间同业拆借利率），离岸市场利率需要通过人民币即期和 NDF 汇率及美元离岸利率套算。通过国内 Shibor 利率减去隐含的离岸利率，以上海自贸区设立时间（2013 年 9 月 29 日）为节点，把分析时段分成两个子区间，将时间和收益差的绝对值进行回归。

结果显示，一是收益差显著不为零，说明上海自贸区成立后中国资本管制依然有效。二是上海自贸区的设立减轻了资本管制。在整个考察期收益差绝对值随时间趋势提升，但上海自贸区设立后，收益差转为下降。三是在上海自贸区设立那天，收益差存在一个趋势突变（见图 2）。通过残差平方和的邹检验，说明两个时段不存在结构变化的原假设不成立。

四、上海自贸区设立使中国金融市场与国际市场联系更为紧密

采用基于向量自回归模型的格兰杰

因果关系检验，选取广义货币（M2）、美联储月平均利率和日本商业贷款平均利率分别代表中国货币、美国利率和日本利率，考察上海自贸区设立后，中国金融市场与国际市场的影响。先后选取 2011 年 8 月至 2013 年 9 月（上海自贸区试点前）和 2008 年 8 月至 2014 年 8 月两个时段进行格兰杰检验。

结果显示，在上海自贸区启动前，美国、日本利率都是 M2 的格兰杰原因，但是中国广义货币 M2 只是美国利率的格兰杰原因，且显著性较低（9.2%）；上海自贸区启动后，美国利率作为 M2 的格兰杰原因的显著性从 5.5% 提高至 1%；同时，M2 作为美国利率的格兰杰原因的显著性也从 9.2% 提高到了 6.4%，表明中国金融市场与国际市场的联系更加紧密。主要原因是上海自贸区的设立使得资本流入和流出更为简便。

---

① NDF 被定义为一种对成交清淡或不可兑换的外币设立的以现金结算、短期远期合约，合约到期时可以商定的名义资金量，并由商定的汇率与清算时的即期汇率之差计算出损益。

四川省农业劳动力现状调查

中国人民银行成都分行调查统计处

党的十八大指出，要加快发展现代农业，增强农业生产综合能力。但随着经济社会发展，农村劳动力大量转移，农村出现村庄空心化、人口老龄化趋势，现代农业发展严重缺乏人力资源，农村经济发展可持续性受到挑战，四川作为劳务输出大省，也面临农业劳动力结构性失衡的挑战。为探索农业劳动力转型升级的途径，人民银行成都分行对四川省 15 个市州①1785 户农民家庭的 2672 名农业劳动力开展了调查。

一、四川农业劳动力基本情况

（一）农业劳动力占劳动力比例约五成

根据第二次全国农业普查数据，四川省农村户籍人口 5647.2 万人，农村户籍劳动力 4278.7 万人，农业产业户籍从业人员 2562.0 万人，占农村户籍劳动力的 59.9%。从本次调查样本情况看，1785 户农户家庭总人口为 7250 人，劳动力 4746 人，其中，从事农业的劳动力 2672 人，占劳动力人口的 56.3%。

（二）农业劳动力以中老年为主，年龄普遍偏大

调查的 2672 名农业劳动力中，男性年龄在 46~60 岁和女性年龄在 46~55 岁的占 44.4%，男性年龄在 61 岁以上和女性年龄在 56 岁以上的占 21.9%，表明中老年劳动力占比达 66.3%，16~45 岁青壮年劳动力仅占 33.5%。其中，男性劳动力年龄偏大现象更为明显，男性中老年（46 岁以上）劳动力占比达 73.9%，而女性这一比例为 60.6%。

（三）农业劳动力文化程度和技能水平普遍偏低

2672 名农业劳动力中，高中或中专、大专及以上文化程度的分别仅占 11.9% 和 1.8%，初中以下文化程度的比例高达 86.3%。调查样本中，未参加过农业劳动技能培训的比例达 70.0%。

（四）农业劳动力仍以小农耕作为主业

本次调查的 1785 户农户家庭中，仅有 9 户（占 0.5%）家庭耕地在 50 亩

---

① 包括成都、德阳、绵阳、宜宾、南充、达州、广元、广安、资阳、遂宁、眉山、巴中、攀枝花、雅安、甘孜。

（含）以上，76 户（占 4.3%）家庭耕地在 10 亩（含）~50 亩，而其余 1700 户（占 95.2%）农户家庭耕地在 10 亩以下，农户仍以小农耕作为主。同时，调查的 2672 名农业劳动力从事农业劳动的类型，主要为在自有或承包土地上耕作，比例高达 86.6%，在农业企业（或组织）从事农业生产和受雇于农业种养殖大户的分别占 5% 和 3.5%。

二、农业劳动力转型面临的问题

（一）农业劳动力转型以务工为主，优质农业劳动力流失严重

四川省统计局数据显示，2013 年，四川省全年农村劳动力转移输出 2455 万人，比上年增加 40.3 万人。农村劳动力尤其是优质劳动力向非农产业转移趋势仍在继续，老人、妇女逐渐成为农业劳动的主力。本次调查显示，外出务工人员中 63.6% 为 40 岁以下青年，而农业劳动力中青年比例不足三成，超过劳动年龄的老人占比则达 21.9%。从文化程度看，农业劳动力中高中以上文凭的占比也比外出务工人员低 8 个百分点，而超过八成文化程度在初中及以下。年龄结构层次偏大、文化知识水平偏低是目前农业劳动力的突出特征。

（二）土地规模化经营条件不完善，小农耕作制约农业劳动力转型发展

土地流转有利于提高资源配置效率，发展规模经营，但由于当前土地流转市场机制不健全、社会保障机制不完善、农民流转行为不规范以及土地流转收益

较低等因素制约，四川农村土地流转缓慢。本次调查显示，1785 户农户家庭中，家庭耕地使用权流转出去的有 364 户，占比 20.4%；通过土地流转获得他人耕地使用权的 105 户，占比 5.9%，土地流转行为仍不普遍。被调查农户户均家庭耕地仅 5.6 亩，以小农耕作为主的农村家庭占比在九成以上。

（三）农业劳动力务农意识逐步淡化，创业或发展规模化农业的意愿不强

本次被调查的农业劳动力中，近 15% 不愿再从事农业劳动，其中，九成以上为青年劳动力；想创业和发展规模化农业的农户居少，75% 的农户选择继续从事目前的农业生产，13.5% 想外出务工，仅 11.1% 的调查对象想自己创业。

三、农业劳动力转型升级制约因素

（一）土地流转市场机制和保障机制不完善阻碍规模化现代农业发展

一方面，目前四川农村尚未建立规范的土地流转市场，流转信息不对称。2014 年我们对四川 14 个市州开展的调查显示，被调查的市州大部分未建立农村产权交易中心，即使是农权改革试点的成都市，农权交易中心也未发挥有效作用，在土地经营权估值、土地流转具体流程、资产清偿处置等方面，均缺乏一整套具体科学的操作机制。另一方面，当前我国农村医疗、社会救助等社会保障体系还不完善，土地在很大程度上还承担着社会保障功能，农民对土地依然有着较强的依赖性。调查显示，截至

2014 年，仍有 53.2% 的农户没有流转土地的意愿。本次调查中的样本农户一共拥有耕地 10141 亩，其中，流转出去的土地仅 757.2 亩，而闲置的耕地有 526.1 亩。土地流转停滞不前、土地搁荒利用率低，加上农村普遍缺乏强有力的农业龙头企业，导致现代农业发展缓慢。

(二) 金融对"三农"尤其是农村新型经营主体支持仍有待提高

一方面，农户获取扩大生产的资金需求无法得到充分满足。本次调查显示，39.9% 的被调查农户认为获得 5 万元以上贷款困难。另一方面，在发展农村经济、吸纳农业剩余劳动力中发挥了越来越重要的作用的农村企业和新型农业经营主体，由于农权抵押担保条件不充分，获得银行贷款的难度仍然较大，2015 年 3 月四川省金融机构本外币涉农贷款中，农村（县及县以下）企业及各类组织贷款余额同比增长 11.4%，增速低于农户贷款 5 个百分点。

(三) 农业培训、技术支持不足阻碍农业劳动力向新型职业化农民的转型

有知识、懂技能的农业劳动力是现代农业发展的急需人才，目前农村这类人才缺口巨大，四川农业劳动力七成以上为初中以下文化水平，而农业技术培训跟不上使大部分农业劳动力丧失了再教育的机会。据调查，目前农村的技能培训针对性较差，农村急需的种养殖、

农机维修培训较少，而且很多培训讲授的是比较复杂、专业性较强的技术理论，实用性较差；大部分培训名额也相对有限，调查对象中接受过技能培训的只占三成。

四、促进农业劳动力转型升级的建议

(一) 加快构建新型农业经营体系，促进农业现代化发展

在坚持家庭承包责任制基础上，加快土地流转速度，推进家庭经营、集体经营、合作经营、企业经营等共同发展的农业经营模式；增加对农民专业合作社的财政项目资金直投和银行信贷支持，促进农民专业合作社发展；对到农村发展企业化经营现代种养殖业的工商资本给予税收减免、贷款优惠等政策支持。

(二) 加快科教兴农步伐，培育新型职业化农民

把农村职业技能教育纳入国家总体教育规划，由财政拨付专项资金开展免费的农村职业技能教育；增加农业培训补助资金规模，大力开展实用性强、针对性强的农业技术培训，扩大培训覆盖面，每年向农业劳动力提供免费技能培训机会。

执笔：胡红燕

种养热情下降　收入预期向好

——2015年江西省农村居民问卷调查报告

中国人民银行南昌中心支行调查统计处

为了解农村居民生产、借贷、消费行为和心理预期状况，人民银行南昌中心支行在全省开展了2015年度农村居民问卷调查①，调查结果显示，农村劳动力较充裕，外出就业略有下降；农产品与农资价格分化，农民种养积极性下降；半数养殖户生猪存栏量与上年持平，生猪养殖步入微利周期；农民收入结构发生变化，超半数农户对未来增收较为乐观；民间借贷尚不活跃，以短期、小额为主，利率水平相对合理。

江西的华东及华南沿海发达省份为主，其中前往珠江三角洲地区打工人数较上年下降两成，前往长江三角洲地区打工人数与2014年持平，表明当前江西省农民工就业去向与沿海地区产业结构调整呈现较强的正相关性。外出打工人员从事的行业主要集中在制造业、建筑业，上述两个行业的人员占比为52.27%；83.95%的被调查者认为当前经济形势下外出打工机会（较）多，但部分地区出现的工厂倒闭也会使得就业形势突然紧张。

一、农村劳动力较充裕，外出就业略有下降

此次调查的农村家庭人口为3700人，劳动力2241人，全省农村劳动力人口比重保持在61%的水平，劳动力相对充裕，但外出打工人口较上年同期下降4.95个百分点。

江西省农村劳动力转移流向仍以毗邻

二、农产品与农资价格分化，农民种养积极性下降

当前经济处于下行阶段，CPI同比涨幅较以往有明显回落，主要农产品价格也呈低位运行态势，特别是江西省农产品市场运行总体偏弱，粮食涨幅趋缓，

① 此次调查在省内11个设区市的78个县（市）农户家庭进行，共随机发放和收回有效问卷780份。

棉油持续下行，猪肉总体低迷。调查显示，认为当前农产品价格"偏低"的占58.72%。

预计未来一段时期（特别是春节期间），谷物、乳制品、肉类、植物油等多数农产品价格将持小幅上行态势。从调查情况来看，江西省农民认为2015年农产品价格将"上涨"的占36.03%，认为"下降"的比例仅为6.79%。

与农产品价格偏低相对应的是农资价格高企，调查显示，认为农资价格"偏高"的占49.74%，认为"偏低"、"适度"的分别占7.18%和29.87%；对于未来农资价格，有37.18%的农户预计将"继续上升"，认为"下降"的比例仅7.31%。随着农业生产要素投入结构的变化，农资成本占比逐年提高。据不完全统计，2014年每亩早稻种子、化肥、农药等农业生产资料价格上涨幅度约为10%，而早稻销售价格仅增加4.3%，给农民增收带来压力。

受农产品与农资价格分化的影响，加上人工成本、运输费用、农机具维护费用等农业生产服务价格的上涨，在一定程度上抵消了农产品价格的上涨给农民带来的收益，直接或间接影响了农民从事农业生产的积极性。从调查数据看，农民种养殖积极性出现不同程度的下降，2015年不打算种水稻、不打算养生猪的比例分别高达49.61%和67.18%，较2014年同期分别上升7.69个和4.87个百分点；不打算扩大规模及减少规模的比例为47.63%。

三、半数养殖户生猪存栏量与上年持平，生猪养殖步入微利周期

从全国[①]来看，2014年猪肉价格年度均价为20.98元/公斤，较上一年度下降了8.66%，每头生猪约亏损158元。调查显示，2014年生猪养殖户每头生猪纯利润在200元以下的占42.81%，比上年同期增加了14.92个百分点；200~300元的占26.67%，比上年同期下降了8.63个百分点；300元以上的占30.53%，比上年同期下降了6.54个百分点。上述数据表明2014年全年生猪养殖利润较上一年度有所下滑，但整体而言，江西省生猪养殖户属于保本经营。

调查显示，有45.90%的农户认为猪肉价格在2015年将"略有上涨"，21.03%的农户认为价格"基本不变"；54.20%的养殖户生猪存栏量与上年度持平。据调查，当前养猪风险主要来自饲料成本波动与猪肉价格的不确定性，特别是猪肉价格滞后于饲料价格波动，但多数农户预计饲料价格波动加大、疫情风险加大、猪肉市场行情不稳定，加上原来由中央财政补贴100元/头的能繁母猪保险，现在这部分补助已经取消[②]，部分生猪养殖户打算压缩2015年的生猪存栏量。

按照以往"猪周期"，春节将至，猪肉及其制品消费需求增多将提振猪肉价

---

① 数据来源：中国行业咨询网（www.china-consulting.cn），《2015年中国生猪市场行情预测分析》。

② 资料来源：高安市畜牧水产局。

格，有利于生猪价格的回升，新一轮上涨周期或将形成，但价格变化会比较平缓，生猪行情周期较往年有所拉长，生猪养殖将步入微利周期。

四、农民收入结构发生变化，超半数农户对未来增收较为乐观

农民增收是 2015 年一号文件关注的重点之一，当前江西省农民每月现金收入分布呈"偏橄榄"形，月收入 3000 元以下的占 34.23%，3000~8000 元的占 48.46%，8000 元以上的占 17.69%；有 46.28% 的农户认为当前收入较上年度增加，有 50.51% 的农户对于未来增收持乐观态度。

从收入来源构成情况来看，51.41% 的调查对象认为"打工收入"是家庭收入的主要来源，有 42.18% 的农户认为"种植业收入"为家庭收入的主要来源，排名第三、第四的分别为"养殖业"和"个体经营"，其占比分别为 30.90% 和 28.21%。

近三年的调查结果显示"外出务工收入"已替代"种植业收入"成为江西省农村居民家庭收入的主要来源，表明江西省农村劳动力从农业向非农产业转移，特别是向沿海地区的二三产业转移带来的收入可观，对农民收入增长的贡献作用十分突出，促进了农村居民家庭收入的快速增长。

五、民间借贷尚不活跃，以短期、小额为主，利率水平相对合理

当前农村居民家庭借贷的形式已随需求的多样化呈现出多元化特征，除了与银行之间发生借贷关系之外，还与居民、企业存在借贷关系。调查显示"主要通过民间借贷"的农户有 161 户，占比为 20.64%。

从民间借贷金额分布来看，借贷金额在 5000 元以下的占 19.25%，5000~3 万元的占 36.65%，3 万元以上的占 44.10%；从民间借贷期限来看，6 个月以下的占 32.92%，6~12 个月和 1 年以上的分别占 44.10% 和 22.98%。

从借贷利率结构来看，民间借贷年利率（折算后）在 10%~20% 不等，其中有 71.43% 的借贷利率水平在"12% 以下"，在"12%~20%"水平的占 22.36%，"20% 以上"的占比仅为 6.21%。全省农村居民家庭民间借贷利率基本稳定，保持了相对合理水平。

从近三年调查数据来看，江西省农村居民家庭民间借贷尚不活跃，以 5 万元以下的小额借贷为主，借贷期限多为 1 年期以内的短期借贷，民间借贷年利率水平基本稳定，（加权）平均年利率约为 10%，保持了相对合理水平。

北京市小额贷款公司经营环境趋于恶化

中国人民银行营业管理部调查统计处

近期，人民银行营业管理部对北京地区 71 家小额贷款公司（以下简称小贷公司）经营情况开展了问卷调查，回收有效问卷 54 份。结合同北京市金融工作局、北京市小额贷款协会以及 8 家小贷公司高管的座谈情况，调查显示，在经济增速放缓、利率下行以及市场竞争加剧等因素叠加影响下，辖内部分小贷公司不良贷款率上升较快，未来可能面临外部融资难度上升、盈利能力下降和信贷风险加大的经营困境。人民银行营业管理部对相关问题及原因进行了深入分析，并提出政策建议。现报上，供参考。

一、北京地区小贷公司当前面临的主要经营困难

（一）盈利能力整体下滑

2014 年，受连续两次降息影响，小贷公司贷款利率有所下降，1 年期最高年化利率由 24% 下滑至 21.4%。57% 的被调查小贷公司表示 2014 年公司经营状况一般或较差，加之较高的税负和不断攀升的企业运营成本，小贷公司盈利能力下降明显。2014 年末，北京地区小贷公司实现营业利润 11.15 亿元，同比下降 36.96%；其中 17% 的小贷公司营业利润下降幅度超过 60%，更有 3 家小贷公司营业利润降幅超过 100%。

（二）不良贷款率攀升，部分公司不良率达经营临界点

调查显示，41% 的小贷公司不良贷款率在 5% 左右，4 家小贷公司不良贷款率超过 10%，其中 1 家的不良贷款率已达 30% 的经营临界点。参加座谈的 8 家小贷公司均表示 2014 年小贷行业展期、续期类贷款有所增加；问卷调查显示，3 家小贷公司展期、续期类贷款比例已超 30%，其中 1 家的比例更是高达 70%。

（三）资金面趋紧

52% 的被调查小贷公司为股东自有资金放贷，公司存在资金面趋紧趋势，偶尔会出现无款可放情况。一方面，由于小贷公司 10%~12% 的回报率吸引力不足，同时小贷公司股东担心投入过大会造成资金占压，对增资普遍持谨慎态度。

另一方面，商业银行趋严的审批条件降低了小贷公司从银行融资的成功率。同时，部分企业客户资金面趋紧，加剧了小贷公司回款困难，且这种状况可能会持续较长时间。

二、小贷公司经营困难的主要原因分析

（一）经济下行压力加大

经济下行导致企业资金"拆东补西"情况比较普遍，贷款风险明显加大。不良贷款增多和抵押物贬值，加大了流动性风险和放款难度。

（二）市场竞争加剧

一方面，银行加大对小微企业的支持力度，导致小贷行业优质客户流失，客户群体质量下降，贷款风险增大；另一方面，P2P等互联网金融、典当行等民间借贷以其较高的灵活性和快速便捷吸收资金的特点占领了不少市场份额，小贷行业的生存空间不断被压缩。

（三）税收压力较大

小贷公司不属于金融机构，不能享受金融机构在税收方面的优惠政策。目前，小贷公司全年缴纳的营业税与所得税数额占营业收入的30%左右（25%的企业所得税，5.6%的营业税），且贷款损失准备金为税后提取，税负较金融企业略高，加大了小贷公司的盈利压力。

（四）融资渠道单一

《北京市小额贷款公司试点实施办法》规定，小贷公司可以从不超过两个银行业金融机构融入资金，获得融入资金的余额不得超过资本净额的50%。目前，北京市只有国家开发银行和北京银行有针对小贷公司的放款，且融资条件较高，一般要足值房地产抵押或国有担保公司担保，还必须要求股东提供连带责任保证。从实际情况看，能够获得银行贷款的小贷公司多具有国企背景，贷款利率为基准利率上浮10%~20%，多从贷款获批后即开始计算利息，且当前不良贷款率升高也已成为制约小贷公司外部融资的重要因素。据小贷公司反映，近期北京银行已明显收紧了向小贷公司的融资业务。

执笔：程五阳　刘前进

三因素制约小贷公司可持续发展值得关注

中国人民银行张家界市中心支行调查统计科

2015 年一季度，人民银行张家界市中心支行对全市 3 家小额贷款公司（以下简称小贷公司）的发展状况进行了走访调查，调查显示，小贷公司在经济发展新常态下加大了贷款清收力度，贷款投放有所收紧，潜在风险上升，制约小贷公司可持续发展的因素值得高度关注。

目前，张家界共注册成立 3 家小贷公司，分别位于永定区、慈利县、桑植县，注册资本均为 5000 万元，2014 年贷款累计投放 1.215 亿元，贷款累计收回 1.228 亿元。

一、资金需求明显减少，贷款投放有所收紧

需求方面，3 家小贷公司一致反映 2015 年以来上门咨询、申请小额贷款的新客户明显减少，老客户对新增贷款的需求也有所减少，主要影响因素包括：一是煤炭等矿产开采类企业受煤炭价格下跌以及慈利、桑植两次采矿安全事故影响，企业开工不足，流动资金周转的需求减少；二是房地产开发类客户受房地产市场低迷影响，不仅没有新增扩张资金需求，反而出现资金链断裂问题，如投资开发火车站广场项目的晟昊置业公司。

供给方面，小贷公司贷款投放有所收紧。2015 年一季度小贷公司贷款累计投放 3227 万元，同比减少 69 万元。3 家小贷公司均反映，2015 年以来在贷款投放方面更加谨慎，其中胜源小贷公司一季度贷款累计投放额同比减少 49.17%。主要原因在于受经济增速减缓及 2014 年下半年以来借款人拖欠利息现象增多的影响，小贷公司提高了客户借款条件（如抵押、担保等）的审查门槛，对不符

合条件的客户不予贷款。

二、贷款利率有所下降，个别贷款利率超出法定范围

调查显示，受中央银行下调贷款基准利率的影响，3 家小贷公司均下调了其贷款利率，但仍存在个别贷款利率超出法定范围的现象。利率下调后，银通小贷公司贷款月息介于 1.3 分~1.4 分（折合年利率为 15.6%~16.8%），永银小贷公司最高月息由 1.6 分降至 1.5 分（折合年利率为 18%），胜源小贷公司个别贷款月息超过 2 分（折合年利率为 24%）。

三、不良贷款率较为稳定，潜在风险压力加大

调查显示，3 家小贷公司自 2014 年下半年以来纷纷将工作重点转向贷款本息清收，2015 年一季度贷款累计收回额同比增长 9.11%，现阶段不良贷款处于较为稳定的可控范围，但是潜在风险压力加大。鉴于小贷公司贷款期限短且灵活性大的实际特点，使用传统金融机构不良贷款的标准衡量小贷公司并不合适。3 家小贷公司根据各自内部判断标准反映现阶段不良贷款率较为稳定，银通小贷公司为 3%~5%，永银小贷公司为 3% 左右，胜源小贷公司为 2% 左右且不良范围仅限于明显无法收回的利息。

小贷公司潜在风险加大主要表现在三个方面。一是增提风险损失准备。为弥补可能增长的损失风险，一季度胜源小贷公司各项准备计提金额增加 106 万元，全部来自一般风险损失准备。二是违约及拖欠利息现象增加。永银小贷公司反映 2014 年以来其 3 位借款人先后"跑路"，可能引发连锁违约风险。胜源小贷公司反映其一半的客户目前存在经营困难，利息拖欠现象增加。三是民间集资纠纷向小贷公司蔓延风险加大。永银小贷公司的借款人东兴木业、菁鹰卡通幼儿园因资金链断裂陷入民间集资纠纷，永银小贷公司虽及时采取法律手段收回贷款本金，但因此损失的利息以及相应增加的财务成本之和约 8 万元。

执笔：糜铁平　危　俊

小微企业融资体系建设的成效及问题

中国人民银行佳木斯市中心支行调查统计科

本文以黑龙江省佳木斯市为例，对经济欠发达地区小微企业金融支持体系进行研究，并借鉴国外支持小微企业的政策措施，提出了如何解决小微企业融资困境的对策建议。

一、金融支持小微企业的做法及成效

（一）成立小微企业金融服务专门机构，小微企业贷款发放更为规范化

农业银行为提高对小微企业金融服务质量，成立客户部，安排专人负责对辖内分支机构小微企业金融服务的营销、指导、调查、管理工作，在市分行信贷管理部设专门岗位审查小微企业信贷业务；中国银行成立中小微企业中心，配备专业人才队伍，专门负责为小微企业办理业务、授信审查和审批及贷后管理工作。

（二）提高贷款审批效率，切实为小微企业打开"方便之门"

工商银行对小型企业在信贷管理系统中只设有调查、审查和审批环节，特别是对微型企业无须授信，直接审批贷款，有效解决了多次审批的问题；农业银行投放小企业简式快速贷款实行一次核查，具有手续便捷、审批快速等特点，2014年累计投放小企业简式快速贷款8065万元；中国银行推出"中银信贷工厂"小企业贷款新模式，该模式以"信贷工厂"为核心，采用标准、迅速、简便、端对端的"流水线"运作和专业化分工，使信贷审批更加专业高效，大大缩短了审批时间。

（三）推出适合地域发展特性的融资产品，支持小微企业特色信贷产品推陈出新

农业银行针对目前佳木斯市有一部分小微企业抵押物无证照的问题，规定可通过鑫政担保公司向民营的均信担保公司进行反担保，再向农业银行申请贷款，鑫正担保公司每年给均信担保公司的授信额度约7000万元，两家公司合计担保费用大约为贷款额度的3%，为企业解决抵押物无证照的问题。

（四）通过多种途径解决小微企业担保问题，拓宽小微企业融资渠道

中国银行推出创新产品"联保通

达"，在小微企业业务新模式下组成联保小组，由联保小组成员共同缴纳保证金并相互承担连带保证责任，对成员实行等额批量授信，拓宽了小微企业融资渠道，2014 年为以粮食加工、粮食贸易、粮食收储为主的企业授信 15 笔，金额总计 17700 万元；农业银行为小微企业建立互保平台，小微企业客户自发组成联保小组，对小组成员向农业银行申请授信以共同承担连带责任保证担保的担保方式发放贷款。

二、制约小微企业融资的因素

（一）小微企业自身因素

一是许多小微企业因为生产经营规模小，稳定性较差，信用意识淡薄，信息透明度不高，在市场中容易受到冲击。二是小微企业担保能力有限，缺乏可供抵押的固定资产，又不能将动产作为抵押品，这使得小微企业很难满足银行的抵押贷款条件。三是小微企业管理不规范，管理体制不健全，导致小微企业经营风险加大。四是小微企业竞争力弱，抗风险能力较差，一旦遭遇不可预知的风险，可能会出现资金链断裂，最终难以生存下去。正是这些因素，导致小微企业很难从银行获得贷款。

（二）金融体系因素

一是银行体制不健全，解决小微企业融资问题的意识有所欠缺。银行机构抵押贷款所需要办理的手续烦琐，费用高，时间长，无法满足小微企业的急需资金的需求。二是信用评级方式不适用，

银行机构对大型、中型、小微企业都采用同一套评级方式，不能准确反映这些企业的信用状况。三是小微企业的信贷产品有所欠缺，多数银行机构对小微企业提供的信贷产品基本与大中型企业的产品相同，没有为小微企业提供其所看中价值的量身定制产品和特殊服务。四是小微企业担保体系发展不够健全，信用担保业支持企业信用融资能力较弱。上述因素进一步加剧了小微企业融资难问题。

三、国外扶持小微企业的政策措施

（一）美国缓解小微企业融资难的对策

一是成立小企业管理局，加强对小微企业的管理和融资支持。二是出台相关政策保证小微企业所需资金，小微企业可以通过财政担保得到贷款，研发新产品也能得到政府部门的经费资助。三是金融机构优质的商业运作，基本满足了小微企业的融资需求。

（二）日本缓解小微企业融资难的对策

一是政府在扶持小微企业方面占主导地位，小微企业可以获得政府贷款和政府出资成立的金融机构的服务。二是制定《信用资金法》等法律法规，提供的贷款服务更加优惠，来满足小微企业的融资需求。三是设置中小企业局，可以有效管理中小微企业，也可以为中小微企业提供优质便捷的服务。

四、完善小微企业融资体系的对策建议

（一）优化小微企业融资环境

一是完善各项法律法规。为小微企业营造稳定的外部环境；为小微企业发展保驾护航。二是加大政策扶持力度。加强行政指导，落实税收优惠政策，加大财政补贴力度，对小微企业提供一般性补贴。设立小微企业发展基金，用于扶持小微企业发展。三是规范引导民间融资，使民间融资正规化，大力发挥民间融资的积极性，使之处于金融监管体系之下，引导民间融资健康发展。四是建立小微企业信用评级标准，统一信贷评估标准。成立官方评级机构或社会中介机构，对小微企业统一进行信用评级，做到客观、公正，能够真实反映小微企业的信贷风险。

（二）完善服务于小微企业的金融体系

一是完善专业服务体系，成立专门为小微企业提供服务的部门，搭建小微企业信贷融资的"绿色通道"，提升服务水平。二是改善业务流程，减少信贷管理层次，缩短贷款审批时间，降低内部管理成本，提高信贷审批效率。三是创新信贷产品，针对不同特点的小微企业设计不同的信贷产品。扩大抵押物的范围，持续开发其他担保方式，如供应链融资、发展金融仓储和小额信用等，解决小微企业抵押担保难题。四是提高风险防范能力，通过实地调查，了解企业生产经营等情况，明确其主要风险点，降低信息不对称所带来的危害，从而促进小微企业的发展。

（三）强化小微企业自身建设

首先，小微企业要建立自我积累的有效机制，树立诚信形象，建立守信的行为准则，从而有助于在资金市场上筹集资金。其次，小微企业要提高管理水平，坚持自主创新，完善组织结构，建立自主品牌，推动内部管理系统化，有效应对各种危机，使企业获得可持续发展，提高金融机构对自身的信任度和放贷信心。最后，小微企业要拓宽融资渠道，除在银行融资外，还应运用其他间接融资方式，如资产证券化、发行债券或在投资项目中进行融资租赁等。

执笔：钟成春　肖照国

新常态下城镇居民消费储蓄行为

——2015 年一季度常德市城镇储户问卷调查分析

中国人民银行常德市中心支行调查统计科

2015 年 3 月，人民银行常德市中心支行组织开展了对辖内 8 个全国城镇储户问卷调查网点 400 户居民的问卷调查，结果显示，2015 年一季度，居民消费意愿增强，消费需求却有所降温；储蓄偏好下降，储蓄存款却稳定增长；投资意愿回升，房市投资却大幅下滑。

一、当前居民消费和储蓄行为的主要表现

（一）居民消费意愿增强，实际消费却有所降温

问卷调查显示，目前认为"更多地消费"最划算的居民占比为 17.5%，比上年同期提高 6.25 个百分点，居民消费意愿增强。从近期消费情况看，家庭月消费支出比 3 个月前增加的居民占比为 44%，比上期和上年同期分别提高 16.25 个和 11.5 个百分点，其中将收入的 40% 以上用于日常消费的居民占比比上年同期上升 8.75 个百分点。从预期消费计划看，未来 3 个月中，35.5% 的居民预计家庭月消费支出将增加，比上期和上年同期分别提高 4 个和 7.75 个百分点，其中计划购买大额商品（如电器、家具及高档商品等）、旅游、购买住房的居民家庭占比分别比上年同期提高 6 个、1.25 个和 0.5 个百分点。虽然城镇居民消费意愿增强，但实际消费却并未同步增长。2014 年，全市社会消费品零售总额完成 819.8 亿元，同比增长 12.8%，分别低于上半年、前三季度 0.4 个和 0.2 个百分点，也低于上年同期 1 个百分点，其中城镇完成 708.9 亿元，低于上年同期 2.3 个百分点。

（二）居民储蓄偏好下降，储蓄存款却稳定增长

问卷调查显示，居民家庭主要金融资产为储蓄存款的占比为 68.5%，比上期下降 9.25 个百分点。最近 3 个月中，16.75% 的居民将收入的 20%~39% 用于储蓄，比上期和上年同期分别下降 5.5 个和 3 个百分点。尽管当前居民储蓄偏好有所下降，但投资风险加剧、收益下滑等因素却推动了储蓄存款的稳定增长。截至 2014 年 12 月末，常德市居民储蓄存款余额为 1268.5 亿元，同比增长 14.4%；全年储蓄存款新增 169.3 亿元，同比多增 12.6 亿元。

（三）居民投资意愿回升，房市投资却大幅下滑

问卷调查显示，目前认为"更多地投资（如购买债券、股票、基金等）"最划算的居民占比为 34.25%，比上期上升 1 个百分点，主要是居民金融产品投资意愿增强。从投资方式看，认为购买股票、基金、理财产品"最划算"的居民占比分别为 19% 和 21%，比上期分别上升 3.75 个和 1.25 个百分点；从金融资产看，拥有国债、企业债、股票、基金的居民家庭占比分别为 24%、5.5%、19.25% 和 16.5%，比上期分别上升 15 个、3.25 个、4.5 个和 6.5 个百分点；从储蓄目的看，以购买股票、债券、基金、理财产品和人寿保单等投资为主要储蓄目的的居民家庭占比为 17.25%，比上期上升 1 个百分点。与金融产品投资形成鲜明对比的是，三线城市居民对楼市的投资却大幅下滑。以常德市为例，从限购松绑、"930 新政"、公积金新政到中央银行降息等房地产市场一系列救市举措并未有效提振市场信心，市城区商品房销售量同比大幅下降 17.2%。问卷调查也显示，未来 3 个月准备购买住房的居民占比仅为 16.25%，比上期下降 2.25 个百分点。

二、居民经济行为与意愿背离的原因分析

（一）物价满意指数提升与收入分配结构失衡

2014 年，物价水平总体保持稳定，全国 CPI 同比上涨 2%，低于年初预期目标 1.5 个百分点。从常德情况看，2014 年，全市 CPI 同比上涨 1.9%，比上年同期微幅下降 0.1 个百分点。问卷调查显示，认为当前物价"高，难以接受"和"可以接受"的居民占比分别为 38.5% 和 58.75%，分别比上期下降 8.75 个百分点和上升 14 个百分点；目前城镇居民物价满意指数为 32.12%，比上期提升 1.74 个百分点。物价水平持续回落使居民对物价走势的判断发生改变，提升了居民的物价满意水平，进而提振了居民消费意愿。

然而，收入分配结构失衡却制约了居民实际的消费行为，导致消费意愿与行为未能实现同步发展。问卷调查显示，月收入在 5000 元以下的中低收入家庭占比为 47%，比上期下降 9.25 个百分点，其中月收入在 2000 元以下的低收入家庭占比为 13.25%，比上期下降 3.25 个百分点；家庭月收入在 5000 元以上的中高收入家庭占比为 53%，比上期上升 9.25 个百分点，其中月收入在 5000~10000 元及 1 万~2 万元的家庭占比分别同比提高 2.75 个和 3 个百分点。通常来说，高收入家庭的边际消费倾向更低，因此，这种高收入家庭占绝对比重的收入分配格

局严重制约着消费水平的扩大。

(二)利率满意度回落与收入信心增强

随着存款基准利率连续下调，城镇居民的利率满意度也大幅回落，居民对储蓄偏好下降。问卷调查显示，认为当前存款利率"低"的居民占44.5%，比上年同期下降4.5个百分点，而认为当前存款利率"适度"的居民占39.5%，比上年同期上升3.255个百分点；同时，随着社会保障体系的日臻完善，以"养老、防病、防失业或意外急需"为储蓄目的的居民占比为38.5%，比上年同期大幅下降14.25个百分点，预防性储蓄动机减弱进一步推动居民储蓄偏好的下降。

收入水平才是真正决定储蓄增长的动力源泉，收入的快速增长提升了居民的收入感受和信心，带动了储蓄存款的稳定增长。2014年，常德市城镇居民人均可支配收入22634元，同比增长9%，比上年同期提高0.6个百分点。问卷调查显示，认为家庭月收入"增加"的居民占比为20.75%，比上期和上年同期分别提高2.5个和1.75个百分点；预计家庭收入"增加"的居民占比为20%，比上期和上年同期分别提高4.75个和0.5个百分点。当期收入感受指数和未来收入信心指数分别为54.75%和55.97%，比上期分别上升4个和3.96个百分点。

(三)股票市场持续上扬与房价下跌预期浓厚

2014年下半年以来，沪深两市逆转低迷颓势，上证综指由6月30日开盘的2039.2点收至12月31日的3234.7点，

上升58.6%；深证成指由6月30日开盘的7365.6点收至12月31日的11014.6点，上升49.5%。从常德情况看，7家证券交易公司营业部全年新增股民数13921户，同比大幅多增7669户；股票、基金、权证等交易额1164.6亿元，比上年同期增加424.2亿元，其中股票交易额1109.6亿元，比上年同期增加430.7亿元。12月末，全市7家证券交易公司营业部股民股票市值70.7亿元，比年初增加26.8亿元，同比增长61%。

2014年，常德市城区商品房成交均价为5843元/平方米，同比增长11.8%，其中商品房住宅均价为4762元/平方米，同比增长8.1%，主要由楼盘的建筑品质、园林绿化、设施配套等方面皆有大幅提升所致。据相关部门测算，即使2015年没有房地产新开工项目，已开工建设的商品房也需要4年左右的时间消费，再考虑到政府保障房因素，全市房地产市场将有较长时间的调整期。居民对商品房价格下跌预期浓厚。问卷调查显示，预计未来房价下跌的居民占比为14.5%，比上年同期大幅下降17.5个百分点。

三、结论与思考

(一)扩大消费亮点，改善收入分配结构

长期以来，国民经济高速增长主要依靠投资和出口的强劲支撑，消费一直是促进经济增长的短板，但随着宏观经济形势发展变化，投资高速增长将不可持续，外需疲软状况也不可逆转，扩大

消费将成为引领经济增长、转变发展方式的必然选择。短期看，消费热点不突出是制约消费增长的重要原因；长期看，收入分配结构失衡是消费持续扩大的重要障碍。因此，一方面要积极培育新的消费热点，大力发展电子商务、网络购物等新型消费业态，提升旅游、汽车、文娱等方面的消费层次，增加居民自主性消费需求；另一方面要加大收入分配改革力度，加大对中低收入群体的转移支付力度，通过税收对收入进行二次分配调剂，形成"橄榄"形的收入分配格局。

（二）完善社保体系，深化资本市场改革

预防性储蓄是居民储蓄居高不下的重要原因，虽然随着社保体系的不断完善，居民预防性储蓄有所下降，但总体上，预防性储蓄仍然占据储蓄目的的半壁江山。因此，要加大政府在养老、医疗、教育等方面的财政投入，提高保障标准，扩大覆盖范围，为拉动居民消费构筑坚实的安全屏障。投资性储蓄维持在较低水平则与资本市场发展仍不完善、金融产品投资风险大有关。因此，要加强资本市场制度建设，强化资本市场信息披露，规范资本市场操作程序，严厉打击操纵股市行为，降低金融投资风险，提振居民投资信心。

（三）引导居民预期，保持楼市政策稳定

尽管当前我国出台了诸多有利于房地产市场发展的政策措施，但城镇居民对房地产市场的观望心态依然浓厚。问卷调查显示，79.75%的居民 2015 年不计划购房，其中 34.25%的居民选择"不清楚，观望"。因此，一方面，要及时通过新闻、电台、网络等公众媒体发布新出台的房地产政策，并聘请权威专家对其实质内涵予以精准解读，合理引导居民预期；另一方面，要继续通过实行差别化税费、贷款利率等方式对符合市场需求的刚需型、改善型的住宅类房地产项目给予支持。此外，要通过财税、金融等优惠政策鼓励优质的中小房地产企业参与保障型住房建设。

当前城镇居民消费行为新特征
——基于辽宁省城镇居民储户问卷调查

中国人民银行沈阳分行调查统计处

处在新常态下的辽宁经济，经济增速有所放缓。2014年，辽宁省GDP同比增长5.8%，低于全国平均水平1.6个百分点。在2014年的各项主要经济指标中，工业增加值、固定资产投资、进出口增速等均普遍低于全国平均水平，但消费却稳中有升，最终消费对经济增长的贡献率同比提高15.9个百分点。因此，扩大内需、增加消费已经成为新常态下辽宁经济增长的主要动力。城镇居民消费作为最终消费的重要组成部分，对其消费行为的研究显得尤为重要。

一、 经济结构积极转型，城镇居民为收入增长充满信心

2015年一季度，辽宁省城镇居民当期收入感受指数为50.06%，比上季度增加1.96个百分点，其中15.04%的居民选择收入"增加"，比上季度增加3.23个百分点。由于一季度适逢"两节"，受居民工资性收入、年终奖金以及经营性收入相应增加等影响，城镇居民当期收入感受略有回升。

目前辽宁省工业结构调整呈现积极变化。2014年辽宁省装备制造业增加值同比增长7.1%，冶金工业增加值同比增长7.8%，石化工业增加值同比增长5.8%，明显高于工业增加值累计同比增长的4.8%，表明支柱产业发展后劲充足，为辽宁工业走出低谷提供了动力支持。因此，居民对未来经济信心有所增强，城镇储户未来经济信心指数为43.82%，比上季度上升0.30个百分点；城镇居民未来收入信心指数为48.33%，比上季度增加0.04个百分点，其中16.36%的居民预期收入"增加"，比上季度增加1.05个百分点。

二、 消费品价格平稳，物价满意度提升

2015年一季度，城镇居民对当期物

价的满意度继续提高，当期物价满意指数为31.79%，比上季度提高0.93个百分点。其中，54.71%的居民认为物价"可以接受"，比上季度增加1.07个百分点，比上年同期增加5.75个百分点。一季度虽然经历元旦、春节等传统节日，但由于辽宁省CPI长期在低位运行，物价水平较低，通胀压力不大。2014年，辽宁省CPI同比上涨1.7%，比上年同期下降0.7个百分点，比全国CPI低0.3个百分点。其中，食品类和居住类价格涨幅分别为2.7%和1.3%。此外，自2014年下半年以来，国内成品油价格大幅下挫，促进农业、渔业、交通运输业、物流等行业成本下降，也是居民物价满意度提升的一个原因。

此外，城镇居民房价满意度也较高。由于辽宁省房地产市场一直以刚需和改善型需求为主，房价远低于其他省份同等规模城市，所以居民对当地房价的认可度一直较高。自国家实施房地产调控政策以来，市场低迷，销售遇冷，部分居民感受到当地房价已经"见底"，本季度，51%的居民认为住房价格"可以接受"，表明当前已有超过半数的居民认为房价已经进入了可接受范围，比上季度增加2.66个百分点。

三、 利率满意度下降，居民储蓄存款意愿下滑

受互联网金融因素分流影响，个人存款增长趋势已经放缓，2014年辽宁省金融机构本外币个人存款新增1636亿

元，同比少增624亿元。2015年一季度，受中央银行降息政策的影响，居民的利率满意度下降，居民储蓄意愿继续下滑。43.57%的居民认为存款利率"低"，比上季度增加2.88个百分点；57.32%的居民选择"更多地储蓄存款"，比上季度下降0.59个百分点。

四、 股票、理财投资热情高涨，分流即期消费

异常活跃的资本市场分流了部分即期消费。一季度，29.48%的城镇居民选择"更多地投资"，比上季度增加1.89个百分点；投资品种主要集中在基金和理财产品、债券和股票三大品种上，其中股票的投资意愿比上季度和上年同期分别增加了0.48个和4.82个百分点，投资比例达到12.84%，为近4年来的最高值。自2014年四季度以来，中央银行降息、港沪通等利好消息给股市传递了积极的信号，中国股市大幅反弹，消费者信心不断上升，居民的股市投资热情进一步提高。此外，理财产品继储蓄存款之后在居民家庭持有的金融资产中居第二位。调查显示，在居民家庭持有的主要金融资产品种方面，24.79%的居民选择投资理财。

五、 受居民消费习惯与心理影响，消费周期性特征明显

从统计数据来看，辽宁省消费市场有阶梯式下降的特征，即一至四季度消

费增速平缓上升，来年一季度消费增速大幅回落。这主要是受节前消费的提前释放分流的影响。一季度一般正值春节，节日期间房屋装修少，结婚少，买房、买车意愿下降，大件的购买一般在节前采购结束，旅游度假消费相比活跃的四季度也明显回落，春节前消费增速高于春节期间，所以出现一季度消费意愿下滑、之后缓慢回升的现象。因此，2015年一季度，13.20%的居民认为选择"更多地消费"，比上季度下降1.30个百分点；24.41%的居民表示未来3个月消费支出"增加"，比上期增加0.05个百分点；25.66%的居民表示未来3个月有旅游打算，比上期增加3个百分点；23.16%的居民表示未来3个月打算购买大件，比上期增加0.11个百分点。

六、 其他影响因素

除以上主要影响因素外，收入分配差距和社会保障水平高低也对居民消费产生一定影响。根据消费倾向递减规律，居民随着收入增加，所用于消费部分的比重越来越小。一般来说，收入越高，边际消费倾向越小。所以，社会收入分配越平等，就会有越多的货币分配到低收入阶层，从而提高整个社会的消费水平，反之会拉低整体消费水平。社会保障水平高低是影响消费的另一方面。完善的社会保障体制会降低居民的消费预期，刺激居民即期消费。调查结果显示，城镇居民储蓄目标非常稳定，始终集中在养老、防病、意外急需以及教育费等传统项目，表明现阶段受制于社会保障水平不高，居民的储蓄情结较重，影响了消费水平的提高。

执笔：王晓品

借助大数据发展小微金融的国内外现状与启示

中国人民银行合肥中心支行调查统计处

中国人民银行蚌埠市中心支行调查统计科

随着大数据技术的成熟应用，其在各行各业的应用也日益广泛。金融业自诞生起就是基于数据的产业，金融服务行业对大数据挖掘天生存在着迫切需求。服务于广大个人和小微企业的小微金融业务，从诞生起就受制于信息不对称导致的高成本和高风险。随着技术和业务模式的创新，一些金融机构借助大数据思维从海量的非结构性数据中筛选出有用的信息，以评估客户的信用等级，有效解决了小微信贷高成本、高风险的问题。本文试图通过对国内外运用大数据技术发展小微金融的做法进行梳理，以期对小微金融的创新发展提供借鉴。

一、大数据的概念和特点

随着科学技术的飞速发展，大数据时代悄然向我们走来。所谓大数据，指的是所涉及的资料量规模巨大到无法通过目前主流软件工具，在合理时间内撷取、处理并整理成为帮助企业经营决策的资讯。大数据是由数量巨大、结构复杂、类型众多数据构成的数据集合，是基于云计算的数据处理与应用模式，通过数据的整合共享，交叉复用，形成的智力资源和知识服务能力。其具有"5V"特征，即巨量（Volume）、多样（Variety）、高速（Velocity）、真实（Veracity）和高价值（Value）。

大数据不仅是人类历史上前所未有的一种大规模数据集，而且是全社会的宝贵生产资料，其将对经济建设、社会发展和科学研究产生深远影响。而伴随大数据产生的大数据思维是人类为解决大数据带来的数据采集、数据处理和结果可视化等问题而产生的，是大数据技术应用的前提。

二、大数据技术能够解决制约小微金融发展的风险和成本问题

银行业务的开展离不开对客户数据的分析。在传统的借贷流程中，对于小微贷款借款人的信息审核，主要是依靠借款人自己提供的各类信息以及银行所掌握的客户资料、信贷交易信息等数据来判定其还款能力。此种审核方式有四大问题：其一，用传统信息获取渠道判断信息真伪的成本较高；其二，由于全程需要人工参与，既增加了道德风险，又导致效率极其低下；其三，传统的风险评估模型中，对于借款人资产状况评估的权重过高；其四，贷款人隐藏风险的难度较低，造假成本较低。

如果我们用大数据的角度来构思，就可以发现应该把更多权重放在借款人日常生活的交易数据及社交数据上。这类数据具有很好的连贯性，我们可以从中分析很多的用户特性，反向推断借款人的实际财务状况，进行风险筛选，也能大幅增加借款人的违约成本从而警示借款人遵守规则、按期还款。最重要的是，这些数据造假的可能性非常低，因为都是大数据环境下各类碎片信息的收集和分析，真实性基本可以做到百分之百。

三、大数据技术在国内外小微金融业务中的运用

（一）国外利用大数据发展小微金融的做法

1. 德国在线借贷企业 Kreditech 依托大数据分析发放小额贷款。德国在线借贷企业 Kreditech 成立于 2012 年，是一家基于大数据信用分析的在线借贷服务公司，主要提供小额、短期借贷服务。其在审核时不需要用户提供信用文件，而是通过大数据分析各种公开来源的信息来判断借贷者欺诈、欠账与及时还款的可能性，整个判断过程很快。在审核通过后，客户在 10 分钟内就能收到最高数额不超过 1000 欧元的借款。

虽然不需要客户提供信用证明，但 Kreditech 要求能访问用户的 eBay 主页、Facebook 主页等，通过了解其电子商务购物行为、手机的使用情况以及位置数据等来分析客户信用度。Kreditech 希望用户提供尽可能多的信息，信息越多，预测越精确，客户的信用额度越高。此外，Kreditech 还考量很多的其他信息，如用户发出借贷申请的设备是 iPad 还是山寨平板，填写问卷的时间、输入的出错率及按取消键的频率也是 Kreditech 要评估的因素之一。Kreditech 预计到 2015 年将提供更加完备的、涉及广泛业务领域的信用评级技术，并在 12 个国家开展运营，为多达 500 万名客户提供服务。

2. 美国互联网金融公司 ZestFinance 利用大数据服务信贷弱势群体。ZestFi-

nance 是美国一家新兴的互联网金融公司，专注于提供信用评估服务，旨在利用大数据技术重塑审贷过程，为难以获得传统金融服务的个人创造可用的信用，降低他们的借贷成本。

ZestFinance 的基本理念是一切数据都是和信用有关的，在能够获取的数据中尽可能地挖掘信用信息。ZestFinance 以大数据技术为基础采集多源数据，一方面，继承了传统征信体系的决策变量，重视深度挖掘授信对象的信贷历史；另一方面，将能够影响用户信贷水平的其他因素也考虑在内，如社交网络信息、用户申请信息等，从而实现了深度和广度的高度融合。

3. 日本乐天银行利用大数据技术向个人提供"超级贷款"。日本乐天是在本土获得了巨大成功的互联网集团，2009年 2 月乐天收购了日本第二家网络银行eBANKCorporation，2010 年 5 月将其更名为乐天银行，目前乐天银行是日本最大的网络银行。由于网络金融和电商具有天然的联系，电商平台以及平台上积累的大量真实的交易数据为其打造网络金融业务提供了得天独厚的优势。正是依托大数据和分析技术，乐天银行开发的"超级贷款"面向个人融资信贷产品，申请人可以是消费者，也可以是个体户。"超级贷款"不限制用途，最高可以获取500 万日元的贷款；除了个体户和法人代表以外的一般消费者，200 万日元以下的贷款不需要提供收入证明，无论是否有正式工作都可以从乐天获取贷款。

（二）国内利用大数据发展小微金融的尝试

1. 首家互联网银行完全依托大数据开展业务经营。由腾讯建立的深圳前海微众银行于 2014 年 12 月正式上线，成为国内首家上线的互联网银行。其经营范围包括个人及小微企业存款，在业务模式上定位于"个存小贷"，服务个人消费者和小微企业客户。相比于传统银行，微众银行零柜台，没有信用审核，没有抵押贷款，而是"以信用做担保，用数据防风险"。

微众银行的征信问题采用大数据解决，主要利用腾讯公司的不同数据源，采集并处理即时通信、电商交易、虚拟消费、关系链、游戏行为、媒体行为和基础画像等数据，并利用统计学、传统机器学习的方法，得出信用主体的信用得分，并最终通过大数据分析方法得出的一个信用评定分数对申请人发放相应金额的贷款。

2. 阿里巴巴小微金融利用大数据满足电商小额信贷需求。阿里金融于2011 年成立，旨在为淘宝和阿里平台上的卖方企业提供贷款。阿里金融建立了以在线交易为基础的信用评级模型，该模型包含上千类数据，运用大数据对客户的行为和特征进行分析并提供相应的金融服务。客户的贷款额度完全根据信用评级模型来确定，贷款全部为信用贷款，不需要签订贷款合同，所有的沟通、订约和偿还均在线完成，偿还条件灵活。

3. 牵手大数据，浦发银行小微信贷

破解融资难。2014 年 12 月 26 日，浦发银行正式发布纯线上运营的小微信贷平台"网贷通"。"网贷通"与通联支付、银联商务两大收单机构合作，联合推出"POS 贷"产品。通过客户在线授权实时获取客户相关信息和数据，以申请人交易流水、个人征信等信息为依据，利用大数据技术，实现对申请人的综合信用评价与差异化风险定价。"网贷通"采取小微客户融资"全流程在线、全自动化审批、全数据化管理"的服务模式，大大提高了贷款调查、审查审批和放款的效率，客户从申请到贷款支用只需 5 分钟，同时运用循环贷款技术，随借随还。"网贷通"体现了互联网金融的大数据、平台化、自动化的特点，满足了小微客户"短、小、频、急"的融资需求，有效缓解了小微客户融资难、融资慢的困境。截至 2014 年末，在试点期间"网贷通"已累计为 2500 多户小微客户授信 7 亿元，累计放款 5 亿元。

四、几点启示

（一）在国家层面确立大数据的战略地位

大数据领域的竞争将关系到国家的安全和未来，我国应把大数据产业上升到战略高度，制定专门法律、国家发展规划和政策，从国家层面推动大数据的收集、开放、技术创新、分析和应用，从而为我国发展大数据、应用大数据营造更加良好的环境。组织各方力量进行专项研究，从国家层面通盘考虑我国大数据发展战略，推动大数据的收集、分析和应用，引导和推动各行业组织对大数据进行研究与利用，推动各个领域和行业的大数据应用工作，提升科学决策能力。

（二）金融业要加强对大数据的开发和应用

大数据在解决信息不对称、加强风险防控、服务小微企业和弱势群体、破解小微企业融资难和融资贵、降低金融业经营成本等方面有着独特作用。金融业应加强大数据的开发和应用，不断提高自身的经营能力和竞争力，增强服务客户的综合优势，努力实现多方共赢。

（三）重视大数据时代下的金融安全

数据的开放与共享是大数据时代的典型特征。在当前发展大数据产业的新形势下，国家应加强对大数据时代的个人和企业的信息保护，包括制定个人隐私保护法、进一步充分利用匿名化技术，并制定合理的活用大数据的规则等。

阿里巴巴芝麻信用存在的问题

中国人民银行吉安市中心支行调查统计科

2015 年 1 月，阿里巴巴旗下蚂蚁金融服务集团芝麻信用管理有限公司正式推出个人征信系统——芝麻信用。芝麻信用管理有限公司作为合法独立的信用评估及信用管理机构，其推出的芝麻信用是面向社会的信用服务体系，运用大数据及云计算技术客观反映个人的信用状况，通过连接各类服务平台，让用户体验信用所带来的价值。目前，芝麻信用数据信息量大、开放性强、信息获取成本低，但其在数据安全性与真实性及评价体系有效性等方面仍存在一些问题。

一、运作模式

（一）芝麻信用的数据来源

芝麻信用的数据来源主要包括两个方面：内部数据即基于阿里巴巴集团的电商数据和蚂蚁金融服务集团的互联网金融数据等电商大数据平台，以及允许用户主动提交各类信用相关信息数据；外部数据即政府机关部门，公安，法院，向提供社会公共服务的电信、燃气、供水等部门及商户回流反馈的数据信息。

（二）芝麻信用的数据信息采集

目前，芝麻信用数据信息采集内容包括社会公众的基本信息（年龄、性别、职业等）、注册信息（注册方式、是否实名认证等）、兴趣偏好、支付和资金（信用卡还款、网购、转账、理财、水电煤缴费、租房信息等）、人脉关系（人脉圈的信用度、活跃度、粉丝数）、黑名单信息、外部应用信息等方面。

（三）芝麻信用的评价体系

芝麻信用为用户推出国际上通行的信用评分服务——芝麻分，芝麻分综合考虑个人用户的信用历史、行为偏好、履约能力、身份特质、人脉关系五个维度的数据信息，包括信用历史，即以往信用账户还款记录及信用账户历史；行为偏好，即在购物、缴费、转账、理财等活动中的偏好及稳定性；履约能力，即享用各类信用服务并确保及时履约；身份特质，即在使用相关服务过程中留下的足够丰富和可靠的个人基本信息；人脉关系，即好友的身份特征以及跟好友互动程度。按各维度不同权重设计分值，例如用户信用历史（35%）、行为偏好（25%）、履约能力（20%）、身份特质（15%）、人脉关系（5%）。在对个人用户信息进行加工、整理和计算后，用一个分数（最低350分，最高950分，分数越高代表信用程度越好）直观地呈现其信用水平。

一般情况下，个人信用信息是相对稳定的，反映在芝麻分上也会保持相对稳定，而一旦关键信用信息出现重大变化，也会反映到客户芝麻评分体系中。芝麻分是芝麻信用根据当前了解的信息，运用大数据方法综合评估而得的，未来芝麻信用也会提供更多的信息采集渠道。个人用户通过相关渠道让芝麻信用了解其更多信息，将有助于提升芝麻分。在日常生活或经济活动中尽可能使用信用服务及时履行约定也有助于芝麻分的提升。信用的提升是一个循序渐进的过程，无法通过单个行为或事件迅速提升，需要客户长期的信息积累。

（四）芝麻信用的产品应用

芝麻信用不仅在金融借贷关系中有很强的信用风险预测能力，而且在生活服务中也具备很好的区分能力，未来在金融领域，需要物品押金、预授权的租房、租车、酒店等行业，以及新兴的分享经济领域，婚恋、交友等领域都可以用到芝麻信用。芝麻信用产品应用包含两个方面：其一，阿里巴巴体系内电子商务环节的使用，如在B2C、C2C等各个交易场景中，商户或用户都能通过芝麻分区别采用不同交易方式，如价格优惠、账期延长、消费融资等；其二，与阿里巴巴体系外的各种电子商务应用结合，用户根据不同的芝麻分值享受相应的信用服务。如芝麻分在600分以上的用户，目前可享受神州租车提供的免押金租车服务，享受阿里旅行提供的免押金先入住、离店后付款服务，并有机会申请透支额度进行网上消费。芝麻分在700分以上的用户有机会申请开通"好期贷"，享受2000~10000元的信贷额度等。

二、主要影响

（一）利用了技术变革推动征信产业发展

芝麻信用是在大数据互联网模式下建立的征信系统，其开始使用数据统计模型来计算和评估信用，将极大地推动征信行业快速发展。互联网数据承载量非常大，任何数据都可以成为信用的一部分，有效利用数据与信用的关联度，深层次挖掘信用数据，人工智能算法模型不止是对过去的统计，也包括对未来的预测，可以刻画违约概率和信用状况。阿里巴巴开始发展电子商务时，已将信用体系建设作为最重要的一环，芝麻信用的Logo上有句标语"点滴珍贵，重在积累"，芝麻是很有营养的食物，每粒芝麻都不大，但通过点滴积累，将有益于社会经济的健康发展。

（二）开创了"互联网+大数据征信"时代

一是来源广泛。中央银行征信系统有效地解决了信用风险问题，但目前只有不到 4 亿人有信用记录数据，还有很多人没有信用记录数据，在获得金融服务时，存在一定的门槛。而互联网所聚集的人群覆盖面非常广，通过其在网络上留下的痕迹进行数据挖掘和分析，能够对目前的征信状况进行有效补充，让更多在互联网上有数据的用户，通过刻画得出的信用状况，也能得到金融与生活服务。二是广谱多维。现有征信记录主要是个人信息与信贷记录，而互联网上的行为记录非常多，可以用大数据的方法计算互联网上万个变量，将更多信用记录以外的信息纳入征信体系，结合现有身份记录和信贷记录，以及生活类数据与互联网数据，得到更多广谱信息来刻画信用。三是实时鲜活。大数据的两个主要特点是存量、热数据，它不再是离线的事后分析数据，而是在线实时的互动数据，如果某个人有违约行为记录，会立刻被刻画进来，使当前业务的快速决策更加有效。

(三) 运用了大数据征信模型全面刻画信用

信用是一笔巨大的资产，芝麻信用让它成为一个可衡量、可变现的资产，其优势在于互联网数据，但不仅指交易数据。多年来，用户通过第三方支付缴纳水电煤气费、信用卡还款以及物流信息也是重要的数据来源。它还包括公共政务数据和用户自主上传的数据，数据能够更好地描述以及准确地刻画个人信用，基于数据来构建决策引擎，以便向用户输出更有价值的服务，深度融合了传统信用评估与创新信用评估，开创了

大数据征信模型。通过建立刻画个人信用全貌的模型，使普通老百姓感受到信用的力量和价值，有利于其今后在生活中注意培养信用意识，并在全社会建立起信用文化。

(四) 采用了商业化方式净化互联网环境

芝麻信用体系通过科学、客观、公正地评价个人的信用水平，输出各种标准化和定制化的身份识别、反欺诈、信用风险识别与跟踪产品和服务，赋能合作伙伴，并一起推动诚信文化的传播和诚信体系的构建。基于大数据 7×24 小时在线运算能力，芝麻信用有非常强大的身份识别和反欺诈能力，能够以商业化的方法净化互联网环境。随着生物识别技术的发展，生物特征的识别率、准确性、可靠性极大提高，再辅之以其他识别方法，可以非常精准、可靠地识别人，将人与账户和设备关联起来。基于识别体系，能够充分了解网上的行为主体。

三、存在的问题

(一) 数据信息安全性有待提高

一方面，存在信息安全风险。芝麻信用能否严格遵守条例和监管的相关要求；产品设计能否发挥移动互联网的优势，让授权过程变得更加实时、透明；所有信用信息的使用是否在用户知情和授权的前提下开展；所有信息的保存是否采用符合行业标准的最高要求都需要明确。另一方面，存在隐私泄露风险。目前，芝麻信用的用户查询芝麻分只需

用手机凭密码进入平台点击查询，便可获知信用分数和使用信用服务，认证手续简单易行，安全级别较低，而至于操作授权无法辨别是否为本人，或本人自愿授权，存在较大的伪造风险，与《征信业管理条例》中要求采用格式合同条款取得信息主体同意的征信业务规则相悖。

（二）数据信息真实性有待改进

一方面，"垒大户"行为识别难。芝麻信用主要将阿里电商体系的购物累计额度、支付宝服务等的使用行为作为重要评分标准，人为"垒大户"行为可能对数据可信性造成冲击，容易催生用户借助他人消费而提升个人信用的行为，降低征信数据的可信度。另一方面，监督机制落实难。芝麻信用以分值的形式直观反映个人信用，其数据处理与评分模型属于不予公开的商业秘密，信息主体无法监督其数据产生过程，信用数据产生过程不透明，加之缺乏有效的监督机制，一旦出现内部人员篡改数据，其可靠性与公众性难以完全保证。

（三）评价体系有效性有待检验

一方面，评价周期短，评价缺乏系统性。每个评价体系都是一个建立、验证、修正、再验证的封闭循环，一个领域的评价体系至少需要2~3个周期才能逐步趋于成熟。而目前芝麻信用处于试运行期间，采集数据的周期较短，一些指标体系尚处于修订、完善、补充阶段，其系统性需渐进式地改进。另一方面，采集范围窄，评价缺乏代表性。在芝麻信用完成对接的企业中，有租车公司、婚恋交友网站、新兴租房网站等，但该类企业所处的行业分类较细，市场规模和份额较小；而航空业、通信业、供水供电业等掌握大量数据的行业还未和芝麻信用形成合作关系，合作机构缺乏广泛的代表性，将影响数据维度的全面性与模型的精准性。

执笔：许　琪

金融介入 PPP 融资模式存在诸多挑战

中国人民银行济南分行调查统计处
中国人民银行临沂市中心支行调查统计科

PPP（Public–Private–Partnership）模式起源于英国的"公共私营合作"的融资机制，是指政府与私人组织合作，共同参与进行公共基础设施建设和公共服务的一种模式。PPP模式通过公私合作，鼓励和吸引私人资本进入基础设施和公共服务建设领域，不仅能激发各种经济体的活力，而且大大减少政府财政支出的压力，降低政府债务负担，实现政府与私营组织彼此监督、互利共赢的局面，在世界范围内被广泛采用。从2014年开始，PPP融资模式得到中央大力推广，PPP将在推进新型城镇化和加大公共产品供给中发挥积极作用。2014年12月4日，国家财政部正式公布了首批30个示范项目名单，总投资规模约1800亿元。业内人士预计2015年全国PPP项目融资规模或将达到1.5万亿元。

一、金融介入 PPP 融资情况

据调查，临沂市在探索PPP模式方面行动比较早，早在2013年，就成功运作了与临沂中环新能源公司的垃圾焚烧发电项目、餐厨废弃物处置项目，以及与北京首创股份有限公司合作的污水处理项目，这些虽然不能算是严格意义上的PPP模式，但也是有益的探索和尝试。目前临沂市正遵循"政府主导、社会参与、市场运作、平等协商、风险分担、互利共赢"的原则，积极从道路交通、污水处理、垃圾处理、市政公用设施、建筑、邮电通讯、教育、医疗、养老等领域组织申报非政府债务试点项目。目前在推进新型城镇化和加大公共产品供给中银行贷款还是其主要融资来源，在PPP框架下，各银行快速应对，抢抓这一模式中蕴藏的巨大发展机遇。临沂市被调查的 8 家银行均将 PPP 模式作为信贷业务新的增长点，只有 4 家银行也在积极准备相关的业务，不过，截至目前，尚未有银行的相关项目对接落地。

据调查，各银行参与 PPP 融资的主要方式有：一是商业银行在原有项目贷款基础上，可以通过股、债、贷等多种模式参与 PPP 的全过程融资服务，开发期限、利率不同的组合贷款品种，并结合 PPP 项目的稳定现金流力推项目收益债券。二是银行在 PPP 项目中不但能作为贷款资金供给方，也能够作为投资股东方接入，项目的固定现金流能够做资产证券化，给予银行贷款资金一个保障。三是商业银行可借助自身审贷和贷后监管等环节的传统优势，统筹法律、行业、财务、PPP 架构等方面的专家资源，共同服务于 PPP 项目的规划设计、期间监测和绩效评价过程。四是 PPP 模式下，银行从资金提供者转化为资金组织者，除提供信贷支持外，还可以提供现金管理、国际结算、财务顾问等基础性服务，以及投行、保险、融资租赁等多元化的现代金融咨询服务。

二、金融机构在介入 PPP 融资模式中遇到的挑战

据调查，金融机构对 PPP 充满期待，但目前缺乏可复制或参照的成功案例，相应配套措施也不明朗，金融机构介入 PPP 融资模式还面临诸多挑战。

（一）对银行传统的风险控制手段提出了新的挑战

PPP 模式与传统的平台贷款差异很大，融资主体从地方融资平台和大型国企变为项目公司，还款来源从财税收入、土地收入变为经营收入，与银行原有贷款审核条件不完全匹配，银行在项目管理、抵押担保、还款来源等方面需要进行探索和创新。如在公益性资产不能用于抵押的实际情况下需创新担保方式，进行特许经营权设定质押等业务创新。

（二）PPP 项目盈利性有待检验

PPP 是以独立的 SPV 公司（特殊目的机构）为主体单独运营的，且大多与政府所授予的特许经营权相匹配。这类公司一般成立时间较短，资产规模较小，无法在短期内实现盈利。同时，由于项目经验不足，目前国内尚未形成发起人（建设方、运营方、融资方）、中介机构（规划设计、咨询）等风险共担机制，利益分配机制尚不健全。由于缺乏合理定价机制以及对企业的"约束性条款"，部分项目出现亏损。如临沂中环新能源公司的餐厨废弃物处置项目，目前设备闲置率高达 54%，每天设备运行亏损近 2 万元。

（三）政府融资平台类优质贷款将减少

一方面，政府将发行政府债，对存量银行贷款进行置换，并将一部分盘活的存量资金用于提前偿还银行贷款。另一方面，受限于政府债务规模控制和融资平台公司剥离，政府公益类项目对银行贷款的需求将会减少，平台公司这一

银行优质客户也将随之减少。剥离了政府融资职能的平台类公司，也会因失去政府隐性信用担保而变为纯粹的市场主体。尤其是省级以下政府的平台公司，若出现自身经营性业务产生现金流不充分等情况，在金融资本市场的融资能力将下降，部分原属于银行的优质客户数量也会大幅减少。

（四）银行间的放贷竞争更加激烈

优势明显的中央企业和部分地方国有企业将在PPP领域"攻城略地"，取代原有基层政府融资平台功能。这部分公司议价能力突出，会逐步加大直接融资比重。同时，政府债、中期票据等多种融资渠道的拓宽，也会令银行间的放贷竞争更加激烈。

三、建议

（一）加大产品与模式创新力度，提升公共环境项目资产管理能力

政府直接信用逐步退出后，对项目基础资产的管理能力是核心竞争力的根本所在，也是获取超额收益的前提。因此，应依托项目融资，加大行业研究力度，提高项目基础资产管理能力，针对不同类型主体、不同类型的交易结构设计，推广差异化的金融服务产品与模式。

（二）整合内外部资源，探索资本性参与模式与交易中介类业务

与社会资本共同分享公共环境项目资产的整合、流转与证券化将带来的基础资产再估值机会。建议探索以产业基金为代表的资本性参与模式，结合传统项目贷款的综合运用，一手加"杠杆"，一手创"收益"。

（三）做好客户筛选与节奏把握，控制总体风险

PPP模式作为我国市场化改革的一个缩影与集中体现，相关的法制建设、价格市场化改革、地方政府角色转变与能力建设等均存在一定的不确定性。做好对政策趋势、市场趋势、技术趋势的研判，选取资源整合能力、技术水平、项目管理能力较强，成长性突出的优质企业，以试点的方式审慎介入，在控制整体风险的同时，积累经验，从而保持市场敏感性与领先地位。

执笔：王　森　宋朋来　丁新宇

PPP 模式融资方式的经验借鉴

中国人民银行宁波市中心支行统计研究处

截至 4 月中旬，共有 16 个省、市发布了 PPP 项目的规划，涉及 1006 个 PPP 项目，总投资金额达 1.98 万亿元，但从统计数据来看，PPP 签约率较低成为大力推广 PPP 模式最大的制约。在地方融资平台融资功能弱化的情况下，通过 PPP 模式引入增量资金，在收益与风险相平衡的前提下，吸引民间资本进入，借鉴国内外经验，创新融资工具，这些都对 PPP 模式的推广具有很重要的现实意义。

一、PPP 模式本身不确定性因素分析

一是 PPP 模式引入的可能不是增量资金。由于在基建投资的资金来源构成中，超过一半是自筹资金，这些自筹资金绝大多数是新进入的民营资本，有可能出现 PPP 项目中引入的资金是本来就要进入基建投资领域的民营资本，那么将出现"新瓶装旧酒"的局面，PPP 模式起到的作用不是引入增量民营资本，起不到扩大基建资金来源的作用，PPP

模式引入民营资本的初衷将大打折扣。

二是 PPP 模式缺乏长期的、稳定的激励机制。由于很多公共基础设施项目存在收益率低、周期长的特点，降低了民营资本进入的积极性，这时候需要政府出台包括财政补贴、税收优惠、融资便利等一篮子的激励计划，但是到目前为止，除了发展改革委和国家开发银行出台了有关融资优惠条件的措施外，还缺乏一个系统性的激励机制，这将影响 PPP 模式的整体签约率。

三是国际上缺乏大规模 PPP 融资的成功先例。目前国际上有 PPP 模式成功的单个案例，但是尚无整个国家层面大力推广、涉及金额上万亿元的 PPP 模式成功案例。可见，中国政府对于 PPP 模式的推广缺乏足够的国际经验，"摸着石头过河"会使得结局充满诸多不确定性。

四是地方政府对于推广 PPP 缺乏足够的经验和知识。中国大规模推广 PPP 模式融资在国内和国际上都尚属首次。PPP 模式本身从项目的遴选、收费方式的确定、政府补贴的力度到项目收益率

的确定等很多方面都需要大量的专业知识和专业人才。短时间内掌握足够的知识来应对 PPP 模式推广几乎是一件不可能的事情。全国所有省份都在推广这一模式可能会加剧专业人才的缺乏。地方政府对于 PPP 模式认识不足和经验缺乏可能成为最大的制约因素之一。

二、PPP 模式融资方式的经验借鉴

资本都是逐利的，由于 PPP 项目的债务率较高（一般在 70%~90%），因此融资工具的便利性和丰富程度也是影响 PPP 项目成功与否的重要因素。

（一）商业银行贷款

在地方政府融资受限和偿还能力受到质疑的情况下，商业银行将失去一大贷款投向。PPP 的发展在满足新型城镇化所需基础设施的同时，也为商业银行提供了新的贷款投向，PPP 还可以成为城投债的替代和延伸。

典型案例：北京地铁 4 号线。

北京地铁 4 号线分为 A 和 B 两个项目，A 项目为土建工程项目，投资额为 107 亿元；B 项目为机电项目，包括地铁车辆、售票系统等，投资额为 46 亿元。B 项目由特许经营公司——北京市京港地铁有限公司（以下简称京港地铁）负责建设运营。京港地铁由港铁股份、首创股份和京投公司共同出资设立，其中港铁股份和首创股份分别占比 49%，京投公司占比 2%。京港地铁收入来源包括车费和广告收入，同时京港地铁需要租用 A 项目的资产。政府承诺如果地铁人流量达不到当初目标，政府将降低 A 项目的租金，弥补京港地铁收入；反之，如果人流量超出预期，政府将提高租金，防止"争利于民"和超额利润。

该项目的融资模式为：京港地铁注册资本 15 亿元，剩余资金来自银行无追索权贷款，期限为 25 年，利率为 5.76%，10 年期国债收益率为 5%，一般商业贷款利率为 6.12%。

京港地铁 4 号线是成功 PPP 项目的典型。社会资本和政府合作提供公共服务，既保证了项目的公益性，也照顾了社会资本的利润。商业银行在 SPV 组建过程中提供了无追索权或者有限追索权贷款，期限长，利率低。由于整个项目有良好的人流量保证，利润稳定，银行贷款的安全性也比较高。在具体信贷模式上可以采取项目融资、银团贷款、并购贷款等。

（二）银行理财借道支持 PPP

《商业银行理财业务监督管理办法（征求意见稿）》显示，监管层有意鼓励银行理财资金服务实体经济，虽然明确限制商业银行层层嵌套通道，但是商业银行通过信托等通道参与项目投资仍然是可行的。银行理财产品参与 PPP 项目主要通过与信托公司等金融机构合作，由银行募集资金，信托公司负责投资 PPP 项目。银行理财资金进入 PPP 项目主要通过项目公司增资扩股或者收购投资人股权，并作为机构投资人股东，获得固定回报，并不承担项目风险，只是名义上的股东。退出时有股权转让和直接减资两种方式。股权转让是指项目公

图 理财资金参与 PPP 项目主要模式

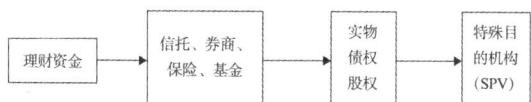

是公共基础设施项目，面向全体公民，受众面比较广，而且需求弹性小，价格稳定，因此 PPP 项目可以带来稳定的现金流。同时，PPP 项目通过收费方式收回前期投资，在项目开始前可以对项目进行充分尽职调查，而且公共项目由于使用价格稳定，所以其现金流可以很好地被预测。

银行参与 PPP 项目的资产证券化，一是可以通过信托等通道，用表外资金购买 PPP 资产证券化产品。PPP 具有较好的安全性、长期性等特点，可以调节银行理财产品或资管计划的风险和久期。二是银行非银业务部门可以参与 PPP 资产证券化的产品设计和承销。

（四）通过多级加杠杆引入产业基金

该模式为近年来较为重要的融资模式创新。产业基金的优点在于融资便利，产业基金的合理架构有利于通过灵活设计风险和利润分配结构，来吸引各类风险偏好不同的投资人参与。同时，产业基金中政府的重要作用在于：（1）参与适当股权比例，充分发挥政府资金的引导作用；（2）与项目投资人共担风险，有利于提升投资人的投资信心；（3）社会资本引入具备独特优势的合伙人，充分提高项目投融资、建设和运营管理效率。

从实践来看，一般情况下，投资产

司支付股权受让金；直接减资是指由银行支付给信托公司资金，然后返还给银行理财账户，程序相对复杂。

风险控制是主要考虑的因素，由于银行理财资金或者信托作为机构投资人股东参与 PPP 项目，虽然是名义上的股东，但仍面临政府信用、项目失败等特殊风险。资管计划也可以参与到 PPP 项目中，途径之一是理财直接融资工具。理财直接融资工具是指由商业银行设立、直接以单一企业的债权类融资项目为投资方向、由中央国债登记结算有限责任公司统一托管、在银行间市场公开交易、在指定渠道进行公开信息披露的标准化投资载体，具有标准化、可流通性、充分信息披露、程序简单等优势，目前购买人主要是商业银行资管计划。此举有利于打破商业银行理财业务的刚性兑付，服务实体经济。

（三）资产证券化

PPP 资产证券化是指以项目未来收益权或特许经营权为保证的一种融资方式，因此资产证券化主要适合经营性项目和准经营性项目。由于 PPP 项目多数

表　常规产业基金投资人——以渤海产业投资基金为例

投资方	投资额度	公司性质
全国社会保障基金理事会	10亿元	机构投资者
国家开发银行	10亿元	银行
国家邮政局邮政储汇局	10亿元	机构投资者
中国人寿保险股份有限公司	10亿元	保险
中国人寿保险（集团）公司	10亿元	保险
中银集团投资有限公司	8000万元	投资管理机构
天津市津能投资公司	10亿元	机构投资者

资料来源：焦静：《渤海产业投资基金运作模式研究》，北京交通大学硕士学位论文，2010。

业基金的潜在资金至少有银行（如政策性银行）资金、以稳健收益而非高收益为目标的保险资金、社保基金等，以及追求一定回报率的社会资本，而理论上通过产品设计我们认为产业基金有能力创造出符合不同投资人风险偏好的投资产品。传统产业基金投资人的类型（见表）对PPP产业基金也存在一定借鉴意义，并且我国养老金、社保金等公共资金收益率普遍低下也是客观事实，理论上只要有风险和收益率设计合理的投资产品，这些公共基金完全有动力去投资，而一般而言，PPP并不缺少内部收益率在7%以上的项目，并且一些研究显示国际上普通BOT项目内部收益率普遍在10%~20%，这些收益率都高于或显著高于我国当前养老金等的实际收益率。

（五）其他融资方式

1. 股权融资。由银行撮合组成产业投资基金，产业投资基金投资者由机构和个人组成，然后参与PPP项目公司股权。

2. 保理融资。保理融资是指保理商买入基于贸易和服务形成的应收账款的业务，服务内容包括催收、管理、担保和融资等。保理融资用于PPP项目时，整个过程为：PPP项目公司将其在贸易和服务中形成的应收账款出售给商业银行，由商业银行拥有债权，并负责催收，此时PPP项目公司通过保理业务融资。另外一种情况是PPP项目公司的交易对手方在PPP项目公司贸易和服务中形成应收账款，将债券转让给银行，由银行向PPP项目公司催收账款。

3. 融资租赁。PPP项目公司与租赁商签订合同，由后者负责采购设备，然后租给PPP项目公司，此时租赁商拥有PPP项目公司一项债权，租赁商将其转让给商业银行，由商业银行负责向PPP项目公司收取租金。

4. 项目公司发行公司债券、企业债券、中期票据等中长期公募债券，发行项目收益债券以及发行定向融资工具等非公开发行债券。

执笔：邓　雄

英国 PPP 项目推广经验及启示

中国人民银行绍兴市中心支行调查统计科

英国是现代公私合作（PPP）项目的起源国，也是目前全球 PPP 项目规模最大、涉及领域最广的国家，从 1992 年最先推出的 PF1 到 2012 年改革后的 PF2，英国 PPP 项目实施和管理得到了不断的改进，已建立了一套相对完善的管理及评价制度。本文在分析和归纳英国 PPP 项目发展历程、主要模式和管理经验等的基础上，对我国 PPP 项目发展提出了相应的政策建议。

一、英国 PPP 项目发展历程

早在 20 世纪 70 年代，英国便开始对电力、电信、自来水和煤气供应等领域进行大规模民营化改革，但因公众强烈反对私人资本投资民生服务领域，民营化改革仅停留在非民生服务领域。1992 年，欧盟各国签订《马斯特里特条约》，英国在协议上承诺降低财政赤字以促进经济一体化，在控制财政支出、改善基础设施的双重压力下，首次提出了私人融资计划 PF1。自此，现代 PPP 项目正式起步并逐渐步入快速发展期。从英国 PPP 项目发展历程来看，大致可分为以下三个发展阶段。

（一）初步尝试阶段：1992—1997 年

PF1 模式提出后，英国多数政府部门及民间投资者对此仍持观望态度，以 PF1 模式建设的基础设施项目并未马上增多，尚处初步尝试阶段。据统计，1992 年至 1997 年，英国 PF1 项目总额约 70 亿英镑，单英法海峡隧道这一项目就占据了项目总额的 50%。

（二）快速发展阶段：1997—2012 年

1997 年，托尼·布莱尔领导的工党上台执政，就 PPP 相关政策法规进行了重新制定和调整（具体见表1），以 PF1 为主要代表的 PPP 模式开始被广泛应用于交通、医疗、教育、宿舍等各项公共设施建设和服务领域，项目运营资金总额不断增加，至 2012 年，英国 PPP 项目运营金额已达 540 亿英镑。

（三）模式革新阶段：2012 年至今

2008 年首发于美国的金融危机及其后的欧洲债务危机对全球的金融市场造

表1 1997—2012 年 PPP 相关政策法规制定和变更情况

时间	主要政策法规制定和变更
1997 年 6 月	根据 PF1 制度本身，发布包含 29 项建议的第一版贝茨报告。
1997 年 7 月	《国家卫生服务法案》颁布实施，使医院成为可与民间机构签订 PPP 协议的合格主体。
1997 年 12 月	《地方政府契约法案》颁布实施，地方政府获得与民间机构签订 PPP 协议的法定资格。
1998 年 11 月	发布第二版贝茨报告。
1996—2000 年	出台 PF1 技术准则 1~7，内容涵盖会计、采购、顾问、选择、公共比较因子的确定、合同管理和设计品质等。
2004 年 8 月	财政部出台《物超所值评估指导》。
1999—2007 年	先后出台四版 PF1 合同标准。

注：针对 PFI 本身，英国政府委托马尔科姆·贝茨爵士对 PF1 进行全面检讨，提出了包含 29 项改进建议的第一版贝茨报告。

成了重大冲击，英国 PF1 项目的长期债务融资受困，融资高杠杆率等缺陷不断暴露，PPP 项目推进步伐放慢。为此，英国财政部在征求多方意见的基础上对 PF1 模式进行了改进，于 2012 年底发布了《公私合作的新方式》，宣布正式推出 PF1 的改进模式——PF2，目前已被逐渐实践应用于新的公共建设和服务项目。

二、主要模式

英国财政部对 PPP 的定义是公共部门和私人部门协作的制度安排。广义上的 PPP 涵盖了通过公私部门合作提供公共产品和准公共产品的各种模式，大致可分为特许经营和私人融资计划两大类。但因大部分公共建设项目属非盈利项目，所以需使用者付费的特许经营模式一般较少被采用，PF1 和 PF2 私人融资计划模式才是英国最为常用的 PPP 模式。

（一）初始模式：PF1

1. 发展背景。为解决国家财政无法满足基础设施及公益项目的投资问题，吸引私人部门参与投资，提高公共领域投资效率和服务水平，英国政府于 1992 年率先推出了私人投资计划 PF1。随后，通过 PF1 模式建设的公共项目迅速增加，成为英国使用最广泛的 PPP 模式。至 2014 年，英国共实施 PF1 项目 700 多个，总投资近 600 亿英镑，涉及教育、医疗、住房、公路、国防和污水处理等多个领域。

2. 运作模式。PFI 的主要特点是私人部门参与到公共项目的整个存续期，项目目标由政府提出，私人部门进行设计、建设和融资，政府不提供建设费用，建成交付使用后，继续由私人部门进行日常运营和维护，政府按年支付使用费，一般适用于免费使用的公共设施和服务项目。英国的基础教育、医疗、交通运输领域建设项目主要采用该模式进行投资和运作，这些领域 PF1 项目投资额约占全部 PF1 项目的 70%。

（1）PF1 项目运作过程。一个完整的 PF1 项目需经历可行性分析、竞标、建设、运营和退出几个阶段。可行性分析是指相关政府部门根据发展规划和需求对拟用 PF1 模式建设项目的初步方案、运营成本、预计效益和资金支持等进行评估，以确定能否应用 PF1 模式。项目确定应用 PF1 模式，则需通过招标的方式选择合作方，其招标流程大致可分为五个步骤（具体见表2）。合同达成后，项目公司按施工合同规定开发建设，此阶段政府无须支付费用，只需按合同提供各种支持、协调和监督。项目建成并进入运营阶段后，项目公司按运营合同规定对项目进行管理和维护，政府定期对项目的运营情况进行评估并支付承诺的现金回报。项目公司若退出，可选择将项目在二级市场出售，也可待特许协议期满后无偿交付政府。

（2）PF1 项目参与主体与职责。PF1 项目的主要参与主体是公共设施或服务的采购方（政府）与提供方（私人部门），但为更有效地满足各项招标要求，私人部门往往会针对 PF1 项目组建一家特殊目的公司（SPV），由其专门负责在项目的整个存续期内提供管理和维护服务。在项目实施过程中，SPV 可通过发行债券或向银行举债等方式筹集建设资金，也可通过转包或分包的形式委托其他方参与项目的建设与管理。

典型案例：2000 年重建伦敦大学学院附属医院 PF1 项目。

英国伦敦大学学院附属医院是英国国家医疗服务体系下最大的医院之一，主要提供医疗服务、开展医学研究和专业培训等。项目实施前，该医院在伦敦市有 8 家分院，散落在市区各地，陈旧且拥挤。为了翻新改建医院，国家医疗服务体系选定私人大型企业——健康管理公司作为 PF1 项目的合作伙伴，采用了典型的 DBFO（设计、建设、融资和运营）方案（如图），运营期由中介服务公司提供设施服务，健康管理公司提供非临床支持服务（包括废物管理、保安、停车场、衣物床单换洗等物业服务等），项目合约期长达 40 年。翻建后，新医院坐落于伦敦市中心，拥有 669 张病床，可支持治疗 54000 名患者，较之前增长 10%。与传统建设和经营模式相比，预

表 2　PFI 项目招标过程

第一步：公开招标	指定媒体公布招标书，开始公开招标
第二步：资格预审	确定符合投标要求的投标者名单
第三步：竞争性对话	确定项目的具体要求和评标标准
第四步：评标	根据评标标准选择合适的招标入围者
第五步：签订合同	明确相关建设要求、使用费支付及项目风险分担等事宜

图 伦敦大学学院附属医院 PFI 项目主要利益相关方

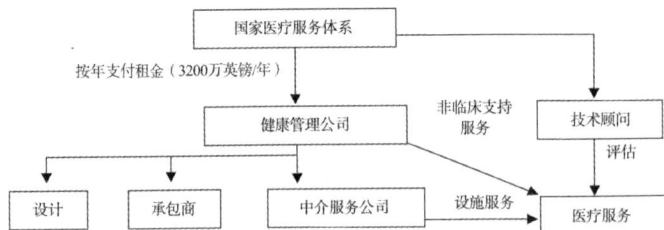

计每年可节省 3000 万英镑，约占医院总支出的 6.7%。

3. PF1 项目优缺点分析。

（1）PF1 项目主要优点：一是减轻财政负担。PF1 项目的建设和运营由私人部门投资和管理，政府作为项目的采购方定期向私人部门支付使用费，有利于缓解政府财政支出负担。二是提升公共项目建设效率和服务水平。公私合作可以取长补短，发挥双方各自优势，形成互利长效机制。三是提高公共服务质量。PF1 模式引入了私人部门高效的管理手段和先进的技术方法，保证公共项目在长期内能够得到高标准的维护。

（2）PF1 项目主要缺点：一是 PF1 招标过程耗费时间长、成本高，一个项目从投标到签订合同平均要经过近 3 年的时间，这对纳税人税金缴纳产生了不利影响。二是 PF1 合同签订后不能随着公共部门服务需求的变化而及时作出调整，灵活性不够。三是 PF1 项目的财务状况、后续债务及投资者收益等信息不对外公开，易滋生 PF1 项目股权投资人从项目中牟取暴利的现象。四是 PF1 项

目的投资风险未在政府和投资人之间进行合理分配，私人部门承担不恰当的风险，最终将以更高的风险报酬转移至政府部门。

（二）改进模式：PF2

2012 年，英国政府在总结以往 PF1 不足且广泛征求意见的基础上改革出版了《标准化 PF2 合同》，开辟了 PPP 新路径——PF2 模式。PF2 继续吸收私人融资专长，致力于消除浪费、改进效率，从而更好地保护公共利益。和 PF1 相比，PF2 模式主要就以下几个方面进行了改革。

1. 改进股权融资方式。鉴于私人部门难以利用高杠杆率获得资本市场融资及融资成本高等问题，英国政府在 PF2 模式中要求提高资本金比例，规定政府以小股东身份参与 PF2 项目投资，为此，政府还专门组建了新的中央控制单元（CPU）来履行公共结构的股权投资，CPU 与私人部门之间的关系通过股东协议来体现。此外，PF2 项目投资还要求保留一部分权益资本份额，通过公开市场竞争入股，吸收报出投标收益率相对较低者为股东，以降低项目全寿命周期费用。

2. 项目信息透明化。一方面，对外公开政府项目批准过程信息、项目年度报告、财务信息、实际和预计的股权回报信息等，让公众更易了解项目实施情

况，增强私人投资部门对项目实现物有所值的信心，吸引更多的投资来源。另一方面，强化政府对项目实施的监管。通过定期要求承包公司上报建设报告、运行手册及派代表参加承包公司董事会等形式加强对项目运营的监管，确保项目规范运营。

3. 提升项目实施效率。首先，改良公共项目招商采购过程，通过推进集中采购、简化采购流程、开展公务员能力培训等规范公共项目采购过程，缩短采购时间，提升采购效率。其次，对于软服务采取灵活方式。将保洁、安保、绿化等服务项目从项目合同中剔除，单独订立短期合同，使其能够根据公共部门需求的变化而及时作出调整。最后，加强项目实施效率评估。《标准化 PF2 合同》规定通过年度合同评审和定期效率评审的方式促进承包人服务的持续改进。

4. 风险分配合理化。根据政府与私人部门的职责合理分担项目风险，减少私人部门通过风险溢价向政府索取高额回报现象。在 PF2 模式下，政府需承担和管理的风险主要包括：政策与规划变更引起项目成本上升风险、项目用地提供的法律风险、第三方引起的污染风险、项目服务流量不足或超量使用风险等。政府可以通过外部保险的方式分散一些风险。

三、经验与启示

（一）完善相关法制建设

英国在 PPP 项目方面没有专门的法律，但有较为完善的市场经济体制及相关法制环境，主要通过《公私合作指南》、《如何与选定的投标者合作》等政策指南及合同法来规范和指导 PPP 项目的实施。目前，我国主要采用部委发通知的形式来规范 PPP 项目运营，法律效力偏低，且缺乏全局性和系统性。由此，可借鉴英国管理经验，出台国家级的法规政策来规范和促进 PPP 项目发展。首先，对现行法规政策进行梳理，进一步明确 PPP 项目的操作规则，包括市场准入、政府采购、预算管理、流程设置和绩效评价等。其次，加强对英国发布的《资金价值评估指南》、《定量评价用户指南》等内容的学习，根据我国 PPP 项目发展实际，制定并出台适合我国 PPP 项目的评价标准，使 PPP 项目的实施具有指导性工具。

（二）成立专业机构规范项目管理

为推进以 PPP 模式发展公共事业，英国先后设立了合作伙伴关系组织[①]（PUK）、地方合作伙伴关系[②]和英国基础设施局[③]（IUK）等专业机构，专门从事和协调 PPP 项目相关事宜，为政府与私人部门搭建合作平台。针对目前我国 PPP 项目推进难的问题，可由发展改革委、财政部等相关管理部门牵头设立诸如英国 PUK 和地方合作伙伴关系等 PPP

[①] 2000 年成立，专门从事 PPP 项目运作，为政府与私人部门搭建合作平台。

[②] 2009 年，英国财政部与地方政府协会联合成立 PPP 单位，即地方合作伙伴关系，主要为地方政府提供 PPP 项目技术援助和评估服务。

[③] 2012 年，英国政府把 PUK 与财政部的 PPP 政策小组合并，设立了英国基础设施局，负责执行全国基础设施发展战略，为 PPP 交易提供程序和管理的技术援助。

项目的专业协调部门，负责 PPP 项目的研究与管理工作，为公私合作发展提供技术支持。

（三）设计合理的风险分担机制

风险分担的合理性对 PPP 项目实施是否成功起着至关重要的作用。为解决私人部门因承担不恰当风险而通过风险溢价向政府部门索取高额回报的问题，英国在 PPP 模式革新过程中专门对风险分担机制进行改进，将项目风险合理分摊于各参与主体，以确保在项目顺利推进的同时降低项目运营成本。与国际市场相比，国内 PPP 项目风险分担普遍不够合理，运营成本偏高，迫切需要建立公平合理的风险分担机制。可考虑根据 PPP 项目参与方的职责和获利情况来合理分担风险，即由政府部门承担政策法律风险，私人部门承担项目设计、建设和运营风险，提供融资机构及其他投资人承担投资风险等。

（四）加强项目监督与管理

为降低 PPP 项目运营风险，提升项目建设和运营效率，我国应进一步加强对 PPP 项目建设和运营的监管。一是可借鉴英国 PF2 模式的先进做法，允许政府部门以小股东的身份作为 PPP 项目的投资人共同参与项目管理。通过派代表出席董事会、参与项目重要事项讨论会的形式加强对项目运营过程的了解和监管，防止私人投资部门作出有利于自身利益却不利于公共项目实施的决策。二是相关管理部门应根据政策法规的规定对 PPP 项目的各个运行阶段实施不同的监管举措，确保各个运营阶段操作的规范性。

（五）拓展项目融资渠道

在解决 PPP 项目的融资问题上，应改变以往仅限于长期借款的融资模式，鼓励商业银行及其他金融机构向 PPP 项目提供包括贷款、担保、信用等多元化的资金支持方式。同时，也可按英国 PF2 模式保留一部分股权，通过公开市场竞争入股的方式选取投资回报要求低的投资资金，以降低 PPP 项目的融资费用。

（六）注重专业人才培养

我国 PPP 项目尚处初步发展阶段，专业人才匮乏问题突出，当务之急是需加强对 PPP 项目知识的宣传与培训，在提升 PPP 项目社会认知度的同时加快专业人才的培养，为推广 PPP 项目应用增加助力。PPP 项目的招商和管理部门应根据自身职能和业务发展需要组织公务人员参加 PPP 模式的学习和培训，在熟悉 PPP 相关专业知识的基础上深入 PPP 模式研究，及时制定和修订政策，引导 PPP 项目规范发展。私人投资部门则更需深化相关从业人员教育，提升其综合素质，改进 PPP 项目实施效率，并与政府部门一起研发更高效的公私合作模式。

国外处置不良贷款的经验及对我国的启示

中国人民银行长春中心支行调查统计处
中国人民银行延边州中心支行调查统计科

近年来，受国内经济增长放缓、企业生产经营压力加大的影响，银行业不良贷款呈现出上升趋势，引起了社会各界的广泛关注。借鉴国际上对不良贷款的成功处置经验，及时有效处置不良贷款，遏制不良贷款上升势头，对于化解金融风险、维护金融稳定、支持实体经济发展具有重要作用。

一、国外处置不良贷款成功经验

（一）商业银行处置不良贷款的自主权较高

目前国外商业银行处置不良贷款的自主权普遍较高。以不良贷款核销为例，作为银行的内部事务之一，由商业银行参照监管当局的指引和同业管理惯例自主决定核销事宜。譬如，在美国，贷款本息拖延 180 天以上的，经评估后银行债权完全无法收回的贷款可以自主全额核销。

（二）通过证券化手段处置大额的不良贷款

证券化主要适用于不良资产规模较大、通过资产组合能够产生稳定现金流的不良资产。通常来说，单项不良资产的现金流具有不确定性，但根据债务人的具体情况，合理选择足够多、有价值的不良资产进行组合，可以产生相对稳定的现金流。20 世纪 90 年代初，美国为处置储蓄贷款机构大量住房抵押贷款的呆坏账，设置了专门机构——美国债权信托公司，并制定《证券交易法》、《投资公司法》等相关法律法规，尝试不良资产证券化，目前不良资产证券化规模已占全球发行总额的一半以上。

（三）利用拍卖等市场化手段处置不良贷款

拍卖主要适用于标的价值高、市场需求量大、通用性强的不良资产，如土地、房产、机械设备、车辆和材料物资等。在产权交易市场较为发达的国家，部分不良资产的处置是通过公开拍卖、封闭投标等方式出售的。譬如，美国专设了一个不良资产交易的二级市场，同时根据资产的不同特征对资产进行分类，将特征相似的资产组合在一起，一个资产包括 50~100 项资产，账面价值约为 1 亿~2 亿美元。在 20 世纪 80 年代中期后的近十年时间里，美国通过封闭投标的方式出售超过 80 万笔不良贷款，账面价值逾 200 亿美元，约占不良资产处置总额的 6%。

（四）银行与专业机构合作处置不良贷款

该合作方式主要适用于处置难度大、周期长的不良资产。当银行自身处置能力及经验有限时，与专业机构合作处置可以提升不良贷款处置效率。一是股权合伙。银行与专业资产管理机构协商对不良贷款进行合理定价并以该不良资产出资，在此基础上，专业资产管理公司以现金入股来共同处置不良贷款，并按各自持股比例分享不良资产处置收益。譬如，20 世纪 90 年代后期，美国重组信托公司与民间资产管理机构合资经营，收回了账面价值 250 亿美元的不良资产，占不良资产处置总额的 7%。二是协议委托处置。不良资产处置机构通过签订资产管理和处置的委托协议，委托外部资产管理公司来处置不良贷款。如 20 世纪 80 年代中期以来，美国重组信托公司与外部资产管理公司签订了 199 份资产管理和处置的委托协议，处置了近 490

亿美元不良资产，占不良资产处置总额的 15%。

（五）成立银行子公司来处置不良贷款

该处置方式主要适用于不良资产暴露较多且处置压力较大的情况。银行通过成立子公司来专门处置不良贷款，即所谓"好银行+坏银行"模式——将母银行不良资产转让给单独成立的子公司，母银行由于转让了不良资产而成为资产优良的"好银行"，而子公司则成为"坏银行"，日本、美国、中国台湾均有类似的做法。1993 年，日本城市银行、信用社、信托银行和地方银行等 160 多家金融机构共同出资 79.25 亿日元设立的合作信贷收购公司，以及 1996 年由存款保险机构和各大银行联合出资设立的住宅金融债权管理机构，这些公司一般以市场价进行坏账收购，并自行承担坏账处置损失，同时可享受免税等政策。

（六）通过债转股方式处置不良贷款

在允许商业银行持有非金融企业股权的国家，部分银行采用了债转股方式处置不良贷款。20 世纪 90 年代，波兰政府允许银行债权转股权，鼓励银行代替政府行使国有企业重组职能，银行只要取得债务总额 50%债权人的同意，就有权代表债权人与债务人谈判，对重组实施监督。此阶段，波兰银行通过债转股等方式处置了大量不良资产。日本《银行法》也允许银行持有非金融企业股份，但单个银行持有单个公司的股份不得超过 5%。此外，部分机构也采用风险分担等方式来加快不良贷款处置。如 20

世纪90年代初，由于美国储蓄贷款机构破产的数量不断增加，美国存款保险机构决定不再接管破产银行，而由银行收购者进行处置，存款保险机构分担收购者在处置某些不良贷款时的损失，分担损失比例高达80%~95%。

二、对我国不良贷款处置的启示

（一）创新不良贷款处置方式，丰富市场化处置渠道

借鉴成熟市场经济国家的处置经验，创新我国不良贷款处置方式，丰富市场化处置渠道。一是尽快制定完善不良资产证券化的法律法规，丰富不同风险偏好的投资者类型，推动不良资产证券化由试点走向逐步推开，进一步提高不良资产的流动性和处置效率。二是建议修订《商业银行法》，明确商业银行在一定条件下可以实施债转股，可以设立专门的不良资产处置子公司。花旗、渣打等大型金融机构都曾经设立专门处置不良资产的附属机构，并取得了成功。三是支持优质企业收购、兼并生产经营困难的企业，并加以整合、盘活，推进并购金融的进一步快速发展。

（二）放宽资产管理公司准入门槛，完善不良资产交易市场

一是在市场主体方面，建议国家适当放宽资产管理公司准入门槛，允许银行将不良资产按市场原则出售给包括四大国有资产管理公司在内的各类资产管理公司及其他投资者，形成公允、竞争的不良资产处置和交易的一级市场。二是在各省市金融资产交易所的基础上，组建不良资产交易二级市场，汇集各方资源信息，通过挂牌交易、集中竞价、公开买卖等方式，提高不良资产的流动性。三是逐步建立科学的评估体系，提升不良资产定价精度。

（三）扩大银行核销的自主权，提升不良贷款核销效率

国内银行虽然也可以采取核销方式处置不良贷款，但受法律法规不健全、市场化程度较低等影响，其对不良资产的核销缺乏自主权。目前我国银行机构要严格按照财政部的呆账核销管理办法来核销呆账，核销流程复杂而漫长。为了提升不良资产处置效率，建议适当放宽不良贷款核销自主权及配套税收政策，加快不良贷款核销。此外，建议相关监管部门通过制度设计，在有效规避道德风险的前提下，允许银行对符合条件的企业，尤其是小微企业产生的逾期贷款适当减免贷款本息。

执笔：乔继红　张建平（长春中心支行）梁龙植　金香兰　林　瑜（延边州中心支行）

2003—2014 年我国货币政策回顾

中国人民银行调查统计司金融统计处

2003—2014 年，我国货币政策历经危机前的繁荣、危机爆发、危机应对与退出、危机后深刻再平衡过程，在复杂多变的国内外环境中积累了转轨经济体宏观调控的宝贵经验。回顾并评价过去，总结长处、反思不足，对于进一步完善我国货币政策调控具有重要意义。

我国货币政策实行多目标制：稳定物价、促进经济增长、实现充分就业和国际收支平衡。各目标并不完全一致，有时甚至会相互冲突，因此不同阶段货币政策目标会有不同侧重。本文根据宏观经济形势与货币政策目标侧重的不同，将 2003—2014 年划分为三个阶段：2003—2007 年、2008—2010 年、2011—2014 年。下面分开回顾与评价。

一、2003—2007 年：经济加速增长，需求旺盛，通货膨胀压力加大。货币政策的首要目标是稳定物价

2003—2007 年，我国经济总体处于经济周期的上升阶段。货币政策的主要任务是通过流动性管理，为经济平稳较快发展提供稳定、适度的货币金融环境。

2003 年起，我国国际收支"双顺差"格局形成，外汇占款持续大量增加。2003—2007 年，人民银行外汇占款余额年均增长 39.1%，年均增量 1.86 万亿元，是同期基础货币年均增量的 1.64 倍。外汇占款持续大量增加导致过量货币被动投放，流动性过剩和通货膨胀的潜在压力较大。运用多种货币政策工具对冲过剩流动性，成为该阶段人民银行流动性管理的主要内容。

（一）对冲操作在调控银行体系流动性方面发挥了重要作用，但不能根本解决流动性过剩潜在压力问题

人民银行主要通过发行中央银行票据和提高金融机构存款准备金率来对冲过剩流动性。2003—2006 年，人民银行共发行中央银行票据 8.7 万亿元，净对冲流动性约 3 万亿元；先后 5 次上调金融机构人民币存款准备金率共 3 个百分点，深度冻结流动性约 1 万亿元。发行中央银行票据和上调存款准备金率共对冲流

动性约 4 万亿元，约占同期外汇占款投放货币量的 60%。

中央银行票据期限丰富，可根据银行体系流动性状况灵活滚动发行，但由于采用市场化招标形式发行，对冲结果要受参与主体意愿的影响。存款准备金率主动性强，且能深度冻结流动性，虽为中性工具，但力度偏重。两者搭配使用，与其他公开市场操作一起，在促进银行体系流动性合理适度、保持货币市场利率基本稳定、引导货币信贷平稳增长等方面发挥了重要作用。2003—2006年，银行间市场同业拆借月加权平均利率基本在 1.4%~2.5% 的区间内波动，广义货币供应量 M2 增速分别为 19.6%、14.7%、17.6% 和 16.9%。人民币贷款余额增速分别为 21.1%、14.5%、13.0% 和 15.1%，CPI 同比增速分别为 1.2%、3.9%、1.8% 和 1.5%。

但对冲操作不能根本解决外汇占款大量增加导致的流动性过剩潜在压力问题，原因在于当外汇占款形成时，等量存款也已经形成。人民银行对冲流动性，影响的是银行的放贷能力，而不是收回已经派生的货币。流动性过剩潜在压力问题有内生性，难以通过对冲操作根本解决。这并不是对冲操作本身的问题，而是在 2003 年以来全球流动性宽裕的背景下，我国采用渐进性汇率机制改革的必然结果，是货币政策在一定阶段内必须承担的改革成本。

（二）适时调整政策取向，有针对性地选择操作工具，把握力度，应对通货膨胀压力

流动性过剩潜在压力带来通货膨胀潜在压力，因此通货膨胀始终是该阶段货币政策关注的焦点。2003—2006年，我国经济增长持续加快，各年 GDP 增速

表　2007 年 CPI 和人民币贷款变动情况

| 时间 | CPI | | 人民币贷款（亿元） | | 人民币贷款余额 | |
	当月同比（%）	比上年同期上升百分点数	当月新增	比上年同期多增	增速（%）	比上年同期上升百分点数
2007-01	2.2	0.3	5663	−11	16.0	2.2
2007-02	2.7	1.8	4138	2646	17.2	3.1
2007-03	3.3	2.5	4417	−986	16.3	1.5
2007-04	3.0	1.8	4220	1057	16.5	1.0
2007-05	3.4	2.0	2473	378	16.5	0.6
2007-06	4.4	2.9	4515	860	16.5	1.2
2007-07	5.6	4.6	2314	680	16.6	0.3
2007-08	6.5	5.2	3029	1129	17.0	0.9
2007-09	6.2	4.7	2835	634	17.1	1.9
2007-10	6.5	5.1	1361	1192	17.7	2.5
2007-11	6.9	5.0	874	−1061	17.0	2.2
2007-12	6.5	3.7	485	−1719	16.1	1.0

分别为 10.0%、10.1%、11.3% 和 12.7%。公众预期持续向好，银行家问卷调查发布的银行家宏观经济信心指数持续走高。这促使流动性过剩和通货膨胀的潜在风险演变为现实。2007 年，银行体系流动性偏多，货币信贷扩张压力加大，物价涨幅显著上升（见表）。2007 年 3 月，CPI 当月同比上涨 3.3%，超出年度消费价格上涨不超过 3% 的预计。之后，CPI 持续走高。

为此，货币政策适时作出调整，于 2007 年将货币政策取向由 2003—2006 年的"稳健"转为"从紧"，采取多种措施抑制总需求过度膨胀，具体包括：(1) 加大中央银行票据发行力度。全年累计发行 4.07 万亿元，并于 1 月末重启 3 年期中央银行票据发行，有效冻结银行体系流动性。(2) 先后 10 次上调金融机构人民币存款准备金率共 5.5 个百分点，深度冻结银行体系流动性。(3) 先后 6 次上调金融机构人民币存贷款基准利率，其中 1 年期存款基准利率累计上调 1.62 个百分点，1 年期贷款基准利率累计上调 1.35 个百分点。提高融资成本，引导货币信贷合理增长，同时引导资金走向，稳定通货膨胀预期。

在多项调控措施共同作用下，货币信贷增长势头有所减缓。2007 年末，M2 增速高位回落，12 月末同比增速为 16.7%，比上月末和上年同期分别低 1.7 个和 0.2 个百分点。12 月末人民币贷款余额同比增速为 16.1%，比上月末和上年同期分别低 0.9 个和 1.0 个百分点。但通货膨胀形势依然严峻，10~12 月 CPI 仍

处高位，当月同比分别增长 6.5%、6.9% 和 6.5%。

二、2008—2010 年：货币政策在反危机状态中的首要目标是促进经济增长，退出反危机状态时的首要目标转为物价稳定

(一) 2008—2009 年货币政策在危机应对中快速发挥有效性，但由于前瞻性欠缺，存在负面效应

2008 年中，美国次贷危机在全球蔓延加深，人民银行及时调减公开市场操作力度，并将全年新增贷款目标由年初安排的 3.87 万亿元调增至 4 万亿元以上。9 月之后，次贷危机对我国经济的冲击明显加大，经济增速迅速下滑，10 月工业增加值同比增速仅为 8.2%，稳定成为首要问题。人民银行迅速调整政策取向，实行适度宽松的货币政策，全面实施应对国际金融危机的一揽子计划。经济增长成为货币政策的首要目标。

2008 年 9 月至 2009 年主要的货币政策操作包括：(1) 先后 4 次下调金融机构人民币存款准备金率，其中大型存款类金融机构累计下调 2 个百分点，中小型存款类金融机构累计下调 4 个百分点。据货政司测算，4 次下调存款准备金率约释放流动性 8000 亿元。(2) 先后 5 次下调金融机构存贷款基准利率，其中，1 年期存款基准利率累计下调 1.89 个百分点，1 年期贷款基准利率累计下调 2.16 个百分点。(3) 先后 2 次下调中央银行基准利率，其中，法定存款准备金率和

超额准备金率均下调 0.27 个百分点，1 年期流动性再贷款利率下调 0.27 个百分点，农村信用社再贷款（不含紧急贷款）1 年期利率下调 0.54 个百分点。

反危机操作及时释放了保增长、稳信心的信号，货币信贷快速增长，支持我国经济快速扭转增速下滑趋势，率先实现经济形势总体回升向好。2008 年和 2009 年，M2 余额分别同比增长 17.8% 和 28.5%，人民币贷款余额分别同比增长 18.8% 和 31.7%,全年新增量分别达 4.9 万亿元和 9.6 万亿元。自 2009 年 3 月起，制造业采购经理人指数（PMI）跃过 50% 荣枯线。自 2009 年 5 月起，工业增加值当月同比增速开始回升，8 月起回升幅度逐步扩大，至 11 月回升至 19.2%。自 2009 年 8 月起，主要价格指标开始回升，其中，11 月 CPI 结束了连续 9 个月同比负增长，同比上涨 0.6%；12 月工业品出厂价格结束了连续 12 个月同比负增长，同比上涨 1.7%。

尽管反危机操作快速发挥了有效性，但前瞻性有欠缺，主要表现在：2007 年下半年，次贷危机已在全球蔓延，世界主要经济体已先后采取扩张政策予以应对，但 2008 年初，我国仍实行从紧的货币政策。上半年，人民银行累计发行中央银行票据 2.95 万亿元，并先后 5 次提高存款准备金率共计 3 个百分点。尽管为应对冰雪灾害、汶川地震等突发情况，人民银行通过信贷政策引导金融机构定向增加信贷投放，但从总量看，上半年人民币贷款仍同比少增 899 亿元。2008 年初实行从紧的货币政策，可能主要基

于流动性充裕的态势和居高不下的消费价格指数。但近几年研究结果表明，在全球化背景下，全球通货膨胀机理已经发生变化，CPI 在衡量经济周期变化方面会相对滞后，当 CPI 明显上涨时，"往往已处在金融投机异常活跃、商品泡沫即将破裂的前夜"[1]，此时，流动性可能会在瞬间由过剩转为不足。

前瞻性不足导致货币政策应对时间压短，必须在短时间内快速反应，迅速加大政策力度，扩张总需求，这有两个方面的负面效应：

一是易导致"超调"问题。这在 2010 年初已有所体现。2010 年前两个月，工业增加值累计同比增速快速跃升至 20.7%,比 2009 年大幅提高 9.7 个百分点，为 2005 年 2 月以来的最高点。价格指数也快速上扬，2 月 CPI 当月同比上涨 2.7%，分别比 1 月和 2009 年 12 月高 1.2 个和 0.8 个百分点。之后人民银行进行反向操作，通过提高准备金率、加息等手段回收流动性、抑制货币信贷快速扩张。

二是加剧结构性矛盾。我国经济结构不平衡问题已较为突出，产业结构亟待调整，增长方式亟需转变，低水平重复建设严重。在经济体制尚未理顺、市场配置资源效率不高的情况下，短期内刺激总需求快速扩张，势必导致结构性问题进一步恶化。2009 年末，金融机构产能过剩行业[1]人民币中长期贷款余额为 1.31 万亿元，在人民币中长期贷款余额中的占比为 5.9%，比 2008 年末高 0.1 个

① 张晓慧、纪志宏、李斌：《通货膨胀机理变化及政策应对》，载《世界经济》，2010 (3)。

百分点；余额同比增长 46.0%，比同期人民币贷款和人民币中长期贷款余额增速分别高 14.2 个和 3.3 个百分点。以基建投资为主的固定资产投资迅速扩张，2009 年资本形成总额对 GDP 增长的贡献率达 91.3%。

（二）2010 年引导货币条件回归常态，兼具前瞻性和有效性

2010 年初，基于对通货膨胀压力有上升苗头的预判，货币政策开始前瞻性地引导货币条件由反危机状态向常态水平回归。主要操作有：（1）加大流动性回收力度。全年累计发行中央银行票据 4.2 万亿元，开展正回购操作 2.1 万亿元。4 月初重启 3 年期中央银行票据发行，提高流动性冻结深度。（2）先后 6 次上调人民币存款准备金率共计 3 个百分点，深度冻结银行体系部分过剩流动性。（3）先后 2 次上调金融机构人民币存贷款基准利率，其中，1 年期存款、贷款基准利率分别累计上调 0.5 个百分点。上调再贷款和再贴现利率，其中，1 年期流动性再贷款利率上调 0.52 个百分点，1 年期农村信用社再贷款利率上调 0.47 个百分点；再贴现利率上调 0.45 个百分点。稳定通货膨胀预期，抑制货币信贷快速增长。

在多项措施共同作用下，货币信贷增长高位回落。2010 年末，M2 余额同比增长 19.7%，比上年末低 8.8 个百分点。人民币贷款余额同比增长 19.9%，比上年末低 11.8 个百分点；全年新增 7.9 万亿元，同比少增 1.6 万亿元。但价格上涨压力仍然较大。2010 年 CPI 同比上涨

3.3%，其中，7~12 月 CPI 分别同比上涨 3.3%、3.5%、3.6%、4.4%、5.1% 和 4.6%，基本呈上升趋势。

三、2011—2014 年：货币政策的首要目标是稳定物价。通过工具创新引导结构优化是该阶段货币政策的亮点

自 2011 年起，我国经济增长逐步企稳，但在前期政策消化过程中，结构性问题更加凸显，加快经济增长方式转变和结构调整成为现阶段主线。与此同时，国际环境更趋复杂，主要经济体经济运行和宏观政策出现分化，且溢出效应逐渐加大，使外部需求和国际资金流动面临更多的不确定性。与复杂的国内外环境相适应，2011—2014 年，我国实行稳健的货币政策，并在总量稳健的前提下强调适时适度的预调微调，为经济增长和结构调整提供中性适度的货币金融环境。从货币政策目标看，防范通货膨胀风险、保持物价稳定是该阶段首要目标。

（一）根据外汇流入变动预调微调，适时采取公开市场操作和存款准备金率工具调节银行体系流动性

这与以往各年对冲外汇占款投放流动性的操作相同，均是基于相机抉择理论的权衡性措施。但 2011 年之后，国内外复杂的经济金融形势使外汇占款波动加剧，对货币政策流动性管理的前瞻性

---

① 这里的产能过剩行业包括有色金属矿采选业、化学原料及化学制品制造业、非金属矿物制品业、黑色金属冶炼及压延加工业、有色金属冶炼及压延加工业、煤炭开采和洗选业、汽车制造业。

和灵活性提出了更高要求。

2011 年前三季度，外汇占款持续大幅增加，人民银行先后 6 次上调存款准备金率共计 3 个百分点，深度冻结银行体系多余流动性。四季度，受欧洲主权债务危机加剧、市场避险情绪上升等因素影响，外汇占款出现波动，10~12 月分别减少 893 亿元、261 亿元和 311 亿元。2012 年全年，外汇占款仅增加 4281 亿元，比 2011 年大幅少增 2.13 万亿元。针对外汇占款变动影响，人民银行先后于 2011 年 12 月、2012 年 2 月和 2012 年 5 月 3 次下调存款准备金率共 1.5 个百分点。同时，充分发挥公开市场操作预调微调的作用。2011 年全年累计发行中央银行票据约 1.4 万亿元，开展正回购约 2.5 亿元。2012 年开展正回购 9440 亿元，逆回购 6.04 万亿元。多种工具灵活搭配，有效熨平银行体系流动性波动。

基于外汇占款将阶段性减少的预判，人民银行于 2013 年创设常备借贷便利，于 2014 年创设中期借贷便利，丰富流动性工具管理箱。2013 年，累计发放常备借贷便利 2.37 万亿元，为金融机构提供短期流动性支持。2014 年，累计发放中期借贷便利 1.14 万亿元，为金融机构提供中期流动性支持。常备借贷便利和中期借贷便利在弥补外汇占款减少导致的基础货币投放缺口方面发挥了重要作用。

（二）通过完善、创新货币政策工具，实现在总量稳健的前提下对结构进行微调，通过精准发力提高有效性

货币政策是总量政策，着眼于以总量调控促进社会总供求的平衡。货币信贷结构优化主要依靠窗口指导等信贷政策予以引导，但窗口指导缺乏硬约束力和激励机制。

一直以来，商业银行的金融服务倾向于城市和大企业，在一定程度上导致了货币信贷结构的不平衡问题。而部分财务软约束企业由于有政府隐性担保，占据了大量的货币信贷资源，使货币信贷结构不平衡问题更加复杂。2011—2014 年，政府融资平台企业贷款余额分别为 8.34 万亿元、7.82 万亿元、7.67 万亿元和 8.44 万亿元，占一般贷款余额的比重分别为 15.6%、12.8%、11.0% 和 10.5%。尽管近年来窗口指导在引导银行优化信贷投向方面发挥了重要作用，但部分企业的财务软约束问题、银行的放贷意愿、银行以多种方式规避信贷规模与投向管控的行为，不仅影响了信贷政策的有效性，而且阻塞了货币政策的有效传导。

我国企业制度的改革与完善需要一个长期过程。银行规避宏观调控的行为如果用古德哈特法则[①]（Goodhart's Law）解释也有其自身的合理性，很可能长期存在，通常只能靠事后监管予以规范。因此，现阶段货币政策有必要作出适应性调整。

2011 年之后，货币政策调控思路有所调整，更加注重定向操作，并通过在货币政策工具中引入宏观审慎管理理念

① 由古德哈特于 1975 年提出，内容是任何一个经济变量一旦成为政策目标，便会丧失有效性。古德哈特认为，当一个经济变量成为政策目标时，市场主体会针对该目标而改变自身经营行为，避免调控。

和正向激励机制，提高政策引导货币信贷结构优化的效果。2011 年初，人民银行引入差别准备金动态调整机制，将信贷投放与资本水平等宏观审慎要求相联系，并考虑各金融机构的系统重要性和稳健性，以及所处经济周期的景气程度，引导和激励金融机构逆周期调节信贷投放。同时，在参数设置上向支农、支小较多的中小金融机构和中西部欠发达地区金融机构倾斜，鼓励和引导金融机构提高小微企业、"三农"及中西部欠发达地区贷款的比例。2013 年，人民银行完善再贷款体系，强化支农再贷款和支小再贷款的信贷导向作用。2014 年，人民银行创设抵押补充贷款（PSL），支持棚户区改造领域的信贷投放。同时，注重发挥定向降准对金融机构提高"三农"和小微企业贷款比例的正向激励作用。

2011 年以来，我国货币信贷结构不断改善，金融支持国民经济重点领域及薄弱环节的力度不断增强。2011—2014 年，金融机构小微企业贷款余额分别为 10.76 万亿元、11.58 万亿元、13.21 万亿元和 15.26 万亿元，余额同比增速分别为 25.7%、16.5%、14.2% 和 15.5%，除 2013 年与人民币贷款余额增速持平外，2011

年、2012 年和 2014 年分别高出人民币贷款余额增速 9.9 个、1.6 个和 1.9 个百分点。小微企业贷款余额在境内企业贷款余额中的占比不断提高，2011—2014 年分别为 30.0%、28.6%、29.4% 和 30.4%。2012 年和 2013 年，涉农贷款余额同比增速分别为 18.5% 和 13.0%，比同期本外币各项贷款余额增速分别高 4.6 个和 0.7 个百分点。产能过剩行业中长期贷款余额增速自 2011 年起快速下滑，至 2014 年 12 月末下滑至 3.9%。

与此对应，我国经济结构调整呈现积极变化。2014 年，第三产业对 GDP 的贡献率为 51.7%，比 2013 年高 2.6 个百分点。产能过剩行业固定资产投资完成额同比增长 6.4%，比 2013 年低 4.8 个百分点。互联网和相关服务业、软件和信息技术服务业、租赁和商务服务业固定资产投资完成额分别同比增长 79.7%、47.5% 和 36.2%，比 2013 年分别高 21.2 个、17.7 个和 10.1 个百分点。农林牧渔业固定资产投资完成额保持快速增长，当年同比增速为 31.3%。

执笔：张琳琳

新形势下商业银行负债管理呈现五个特点

中国人民银行营业管理部调查统计处

近年来，在利率市场化改革加快推进的背景下，受到存款竞争加剧和互联网金融快速发展的影响，商业银行负债面临成本上升和稳定性下降等多方面的挑战，负债管理愈发成为商业银行应对市场竞争的重要着力点。对此，人民银行营业管理部对辖内部分国有商业银行、股份制商业银行及全部法人银行近年来负债管理状况进行了调研。调研结果显示，多数银行主动负债渠道日趋多元化，负债成本上升、流动性管理难度加大是各家银行面临的共同问题，实现负债渠道向表内外和线上线下拓展、负债管理方式向产品化和精细化转型是各家银行的一致选择。负债结构及变化趋势主要呈现以下特点。

一、从不同类型银行看，负债结构差异较大

大型商业银行、股份制商业银行负债渠道多元化，主动负债手段较多，部分银行存款在总负债中的占比已降至60%以下，且单位存款客户较为分散，储蓄存款增长较稳定。辖内法人银行中，北京银行、北京农商银行逐步加大市场化负债及主动负债发展力度，其中北京银行存款占比降至近年来新低，同业存单、次级债及金融债、中央银行借款等主动负债占比有所提升；北京农商银行运用资本性债券、同业存单、支小再贷款、涉农和支小票据再贴现等方式为负债管理增添了新方式。外资法人银行借助母行优势，能够有效运用境内外资金。村镇银行负债结构较为单一，仍以吸收存款为主，由于社会认知度较低，网上银行等现代化结算手段欠缺，存款主要依靠员工营销，客户数量较少，储蓄存款占比较低，存款稳定性差。

二、从存款品种来看，存款定期化、理财化呈现加速迹象

部分大型商业银行、股份制商业银行定期存款和结构性存款在各项存款中的占比从 2011—2014 年提高了 10 个百分点左右。辖内法人银行中，北京银行从 2011 年的 38% 提高到 2014 年的 41%，北京农商银行从 49% 提高至 54%，外资法人银行从 53% 提高至 58%，村镇银行在无结构性存款业务的情况下这一占比仍从 38% 提高至 42%。从累计发行理财产品规模来看，辖内法人银行 2011—2014 年年均增长率接近 90%。

存款定期化和理财化的原因主要有以下三点：一是利率市场化改革提高存款利率浮动上限、活期存款利率水平区间较低，且市场预期利率进入下行周期，而存款客户对于收益的要求不断提高，因此，基于规避利率风险和提高收益的角度，客户更偏向存款定期化和理财化。二是余额宝等流动性极高的创新产品对个人活期存款形成替代效应，并且在余额宝等产品带动下，社会各界对于货币基金产品的认可度大幅提升，也对银行个人活期存款形成明显分流。三是随着企业财务管理和资金调度水平的不断提高，资金回报要求逐步提升，闲散资金占比不断降低，相对来说存放银行的流动资金减少。

三、从负债期限来看，多数银行资产负债期限错配问题得到改善，村镇银行尚难管控负债期限

辖内法人银行中，外资银行和村镇银行 1 年（含）以内到期资产均高于同口径负债，能够较好地控制期限错配风险。北京银行和北京农商银行 1 年（含）以内资产负债存在一定错配，这与银行借短贷长的经营模式相一致，两家法人银行通过增加主动负债渠道，发行次级债、金融债、同业存单以及发展协议存款、保本理财等业务，促进负债稳定化和分散化发展，期限错配程度有所降低。

近两年企业经营风险加大，项目投资意愿下降，中长期贷款需求明显回落，银行资产整体期限缩短。2014 年末，北京农商银行、辖内村镇银行 1 年（含）以内到期资产占比分别为 60%、94%，和 2011 年末相比均提高 5 个百分点。同时，存款定期化加长了负债期限，资产负债期限错配问题得到改善。但值得注意的是，村镇银行虽然 1 年（含）以内到期资产配置较多，但其负债方式较为被动且客户集中度高，若单位大客户定期存款到期没有续存，将导致单位定期存款下降幅度较大，期限结构变化受制于客户意愿。

四、从负债成本来看，付息率呈现上升态势

2014 年，辖内法人银行利息支出为

559.8亿元，同比提高27%，其中北京农商银行、外资银行利息支出同比增幅均为18%，北京银行、村镇银行利息支出同比分别增长30%、51%。主要利息支出来源于定期存款和同业负债，两者占比约77%；利息支出增长主要源于结构性存款和理财产品，两者分别同比增长111%和48%。2011—2014年，北京银行存款付息率由1.91%提高至2.30%，北京农商银行由1.68%提高至2.24%，村镇银行由平均1.03%提高至1.73%，外资法人银行由平均1.36%提高至2.95%。

负债成本提升原因主要有三点：一是存款结构发生变化。存款定期化趋势明显，活期存款占比减少；同业竞争加剧存款理财化、企业存款财务公司化等，造成付息率大幅上升。二是存款利率上浮区间扩大。2012年6月存款利率上限上浮至1.1倍，2014年进一步扩大至1.2倍。部分小型外资法人银行为吸引更多客户、扩大存款规模而以价格优势来开展营销。农村中小金融机构尤其是村镇银行为加强存款的稳定性，增加产品吸引力以应对同业竞争，存款利率定价策略是上浮到最高限，并鼓励员工吸引定期存款，利息成本支出和付息率逐年上升。三是高成本债占比提高。为提升负债稳定性，部分银行适度吸收国库定期、保险协议存款，加大同业负债发展力度，并发行次级债券和专项金融债及同业存单等，这部分负债采取市场化定价，利率较高，带动负债成本上升。部分银行依赖于结构性存款，而迫使负债成本明显提升，并且货币市场基金、余额宝等

资金最终没有流出银行体系，但却从活期存款变成了协议存款、同业存款，致使资金成本被动提升。

五、从负债稳定性看，总体情况尚可，个别时点、个别机构会呈现波动

被调查的大型商业银行、股份制商业银行活期存款稳定率基本在80%以上，北京银行在90%左右波动，北京农商银行一直高于95%且2014年进一步提高至99%；部分外资银行和村镇银行该比率不到50%，且各年间存在较大波动。北京农商银行、北京银行、村镇银行、外资法人银行核心负债比例依次降低，2014年末分别为69%、50%、45%和37%，除外资法人银行较往年有明显提高外，其他类型银行变化不大。

总体来看，由于负债渠道的多元化以及理财产品的自主有序、节奏化发行，辖内多数银行均能有效增强负债稳定性，并且北京地区同业交易较为活跃，为银行流动性管理提供了强力支撑。但在个别时点，会出现波动。主要原因是北京地区总部经济特征明显，在资金归集日各地资金会集中汇往在京集团总部，形成大额资金往来，加剧存款波动；在新股发行、节假日、财政缴款等一些特殊时点，大客户资金流动也对银行存款稳定性冲击较大。

一般性存款存在稳定性和流动性管理难度加大等问题。随着货币供应量增速下降、各项理财产品以及日趋活跃的互联网金融产品的推出，存款尤其是活

期存款流失趋势明显；越来越多的集团企业设立财务公司进行资金归集和集中管理，导致对公存款向同业存款转化；第三方支付公司快速发展，资金一般采取到期集中拨付的方式；资本市场回暖一定程度上使储蓄存款转化为券商同业存款，改变了银行存款结构；同时，IPO提速，使客户打新锁定资金骤增骤降，都加剧了存款波动，存款稳定性和流动性管理难度加大。

村镇银行负债稳定性较差。村镇银行致力于加大负债营销力度，被动接受符合客户意向的存款期限，对稳定存款缺乏有效手段。存款结构中，活期存款多、定期存款少，对公存款多、储蓄存款少，存款结构集中度较高、稳定性较差，负债压力和流动性管理难度都较大。为有效管控流动性风险，部分村镇银行通过每年进行流动性压力测试和流动性压力演练，确保流动性安全。怀柔融兴村镇银行发起行哈尔滨银行与其签订流动性支持协议，帮助解决流动性不足的困难。

货币当局资产负债表

（单位：亿元）

资　产	2015年5月	负　债	2015年5月
国外资产	275237	储备货币	287792
外汇	267322	货币发行	65265
货币黄金	670	金融性公司存款	222527
其他国外资产	7245	其他存款性公司存款	222527
对政府债权	15313	不计入储备货币的金融性公司存款	1742
其中：中央政府	15313	发行债券	6522
对其他存款性公司债权	30851	国外负债	1647
对其他金融性公司债权	7846	政府存款	32122
对非金融部门债权	57	自有资金	220
其他资产	11457	其他负债	10716
总资产	340761	总负债	340761

注：1. 自2011年起，人民银行采用国际货币基金组织关于储备货币的定义，不再将其他金融性公司在货币当局的存款计入储备货币。

2. 自2011年初起，境外金融机构在人民银行存款数据计入国外负债项目，不再计入其他存款性公司存款。

货币供应量统计表

（单位：亿元、%）

项　　目	2015年5月	
	余额	比同期
货币供应量（M2）	1307357.63	10.82
货币（M1）	343085.86	4.65
流通中货币（M0）	59075.97	1.77
单位活期存款	284009.89	5.27
准货币	964271.78	12.85
单位定期存款	286886.92	9.90
个人存款	529595.21	8.19
其他存款	147789.64	42.21

注：1. 货币供应量已包括住房公积金中心存款和非存款类金融机构在存款类金融机构的存款。

2. 本月M2同比增速根据可比口径计算。

社会融资规模增量统计表

（单位：亿元）

项　　目	2015年5月
社会融资规模增量	12196
其中：人民币贷款	8510
外币贷款（折合人民币）	81
委托贷款	324
信托贷款	−195
未贴现银行承兑汇票	955
企业债券	1528
非金融企业境内股票融资	584

注：1. 社会融资规模增量是指一定时期内实体经济（非金融企业和住户，下同）从金融体系获得的资金。其中，增量指标是指一定时期内（每月、每季度或每年）获得的资金额，存量指标是指一定时期末（月末、季度末或年末）获得的资金余额。

2. 社会融资规模中的本外币贷款是指一定时期内实体经济从金融体系获得的人民币和外币贷款，不包括银行业金融机构拆放给非银行业金融机构的款项。其他融资主要包括小额贷款公司贷款、贷款公司贷款。

3. 从2015年1月起，委托贷款统计制度进行了调整，将委托贷款划分为现金管理项下的委托贷款和一般委托贷款。社会融资规模中的委托贷款只包括由企事业单位及个人等委托人提供资金，由金融机构（贷款人或受托人）根据委托人确定的贷款对象、用途、金额、期限、利率等向境内实体经济代为发放、监督使用并协助收回的一般委托贷款。

4. 当月数据为初步统计数。

5. 数据来源于人民银行、发展改革委、中国证监会、中国保监会、中央国债登记结算有限责任公司、银行间市场交易商协会等部门。

货币和债券市场统计表 （单位：亿元）

项　目	2015 年一季度
银行间市场同业拆借交易量	82577
银行间市场回购交易量	663871
商业汇票承兑	54032
期末商业承兑汇票未到期余额	101740
金融机构贴现	192278
期末金融机构贴现余额	30769
各类债券发行	30766
国债	2099
中央银行票据	0
金融债券	17130
公司信用类债券	11537
期末各类债券余额	369828
国债	105629
中央银行票据	4222
金融债券	139578
公司信用类债券	120368
国际机构债券	31

注：公司信用类债券包括非金融企业债务融资工具、企业债券以及公司债、可转债等。

图 1　货币市场利率

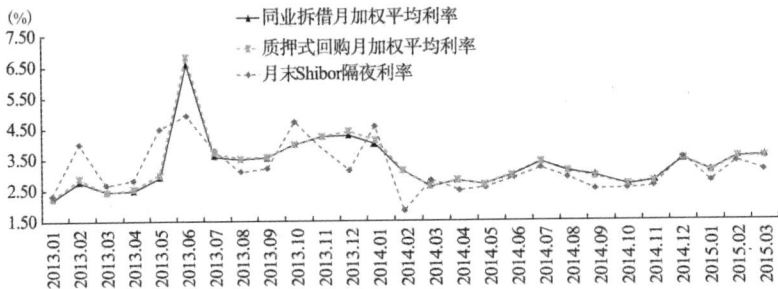

图 2　中债收益率

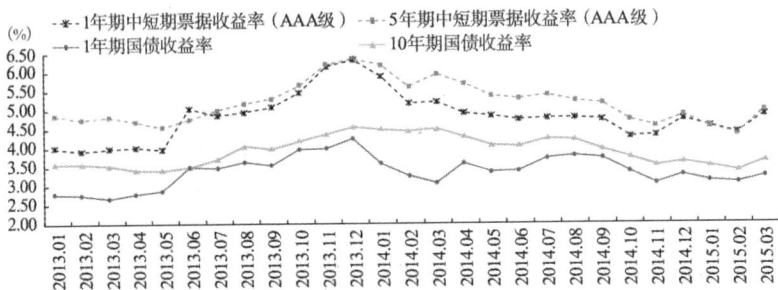